本書の使い方

1 「はじめに」を読む

2 P.92の「前頭葉機能チェック（第1回目）」を行う

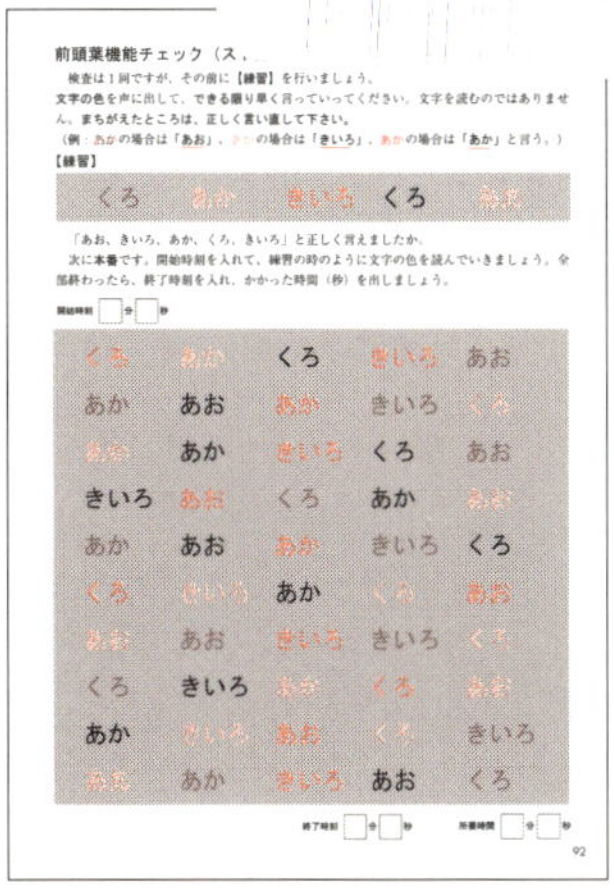

前頭葉機能チェック
（第１回目）……P.92

3 「今日の料理ドリル」のテクニックを使った一品に、毎日挑戦する

●「どのような料理を作るか」は皆さんの自由です。
●料理が思い浮かばない方は、「岸朝子のオススメ健康食レシピ」にチャレンジしてみましょう。

料理にあまり自信がない方や、初めて料理をする方は…
「料理のポイント」をよく読んでから始めるとよいでしょう。

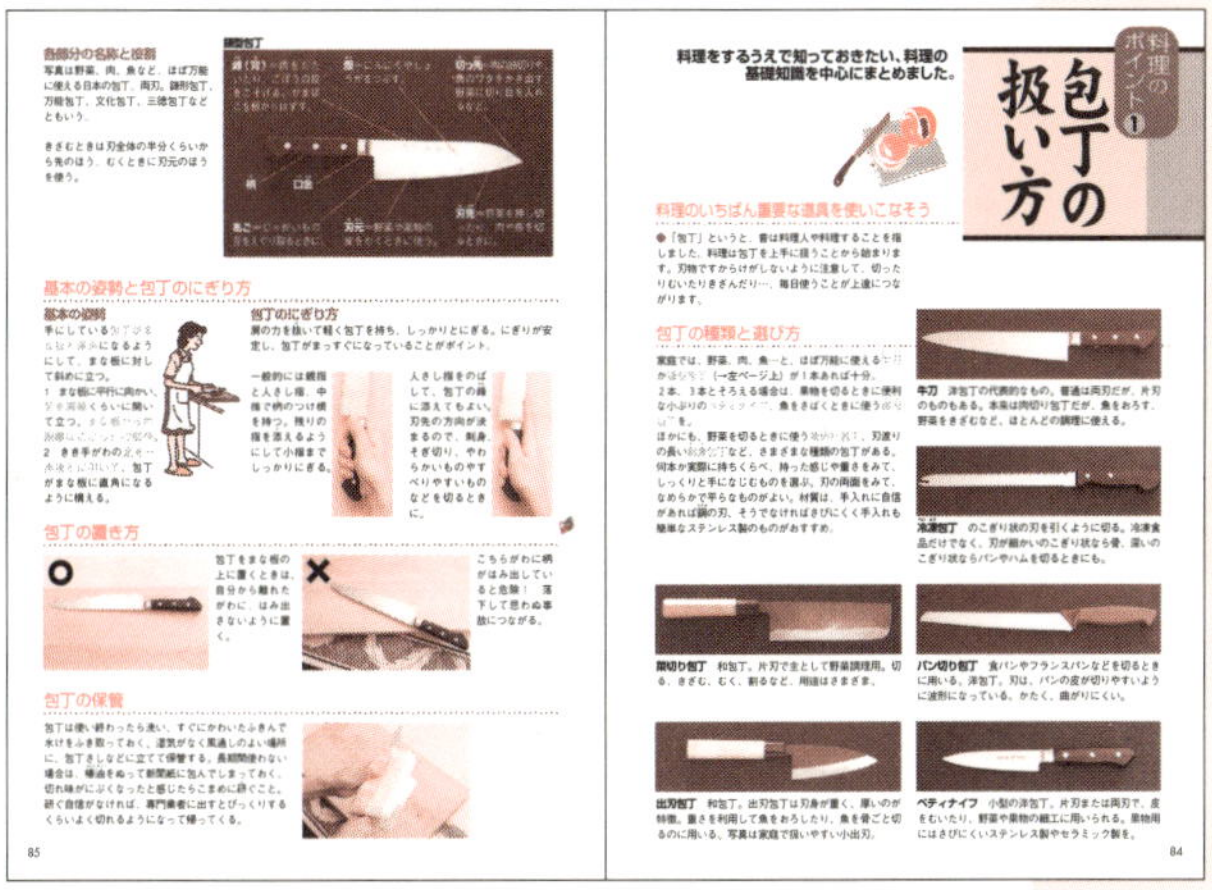

料理のポイント……P.84~90

4 がんばった記録を、巻末の「記録用紙」につける

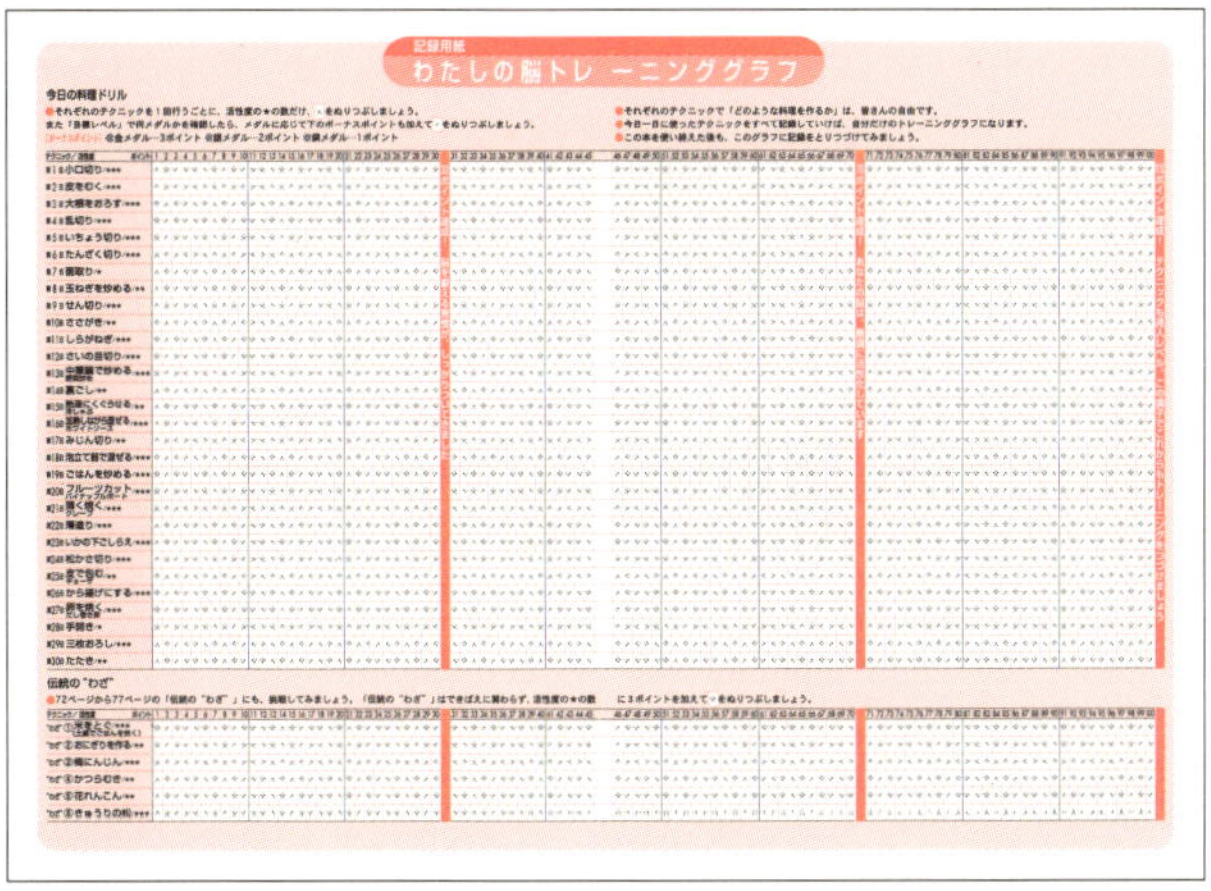

5 30日分終わったら、P.93の「前頭葉機能チェック（第2回目）」を行う

はじめに

川島隆太
東北大学教授

何のための本？

この本は、日々の食事を手作りすることで脳を鍛えるための本です。体の健康を保つためには、①運動をする習慣、②バランスのとれた食事、③十分な睡眠《すいみん》が必要です。同じように脳の健康を保つためにも、①脳を使う習慣、②バランスのとれた食事、③十分な睡眠が必要なのです。「十分な睡眠」は皆さんの責任で管理していってください。この本は、皆さんに「料理によって脳を使う習慣」をつけてもらうとともに、「バランスのとれた食事」の管理に役立ててもらうためのものです。

どんな本？

この本では、料理を作るための技術を、基礎基本から応用編まで毎日ひとつずつ取り上げてあります。そして、それらの料理技術を駆使《くし》することで、皆さんの脳がどう働くのかを脳機能イメージング実験（注1）の結果から示してある、世界で初めての本です。これから初めて自炊《じすい》をはじめる方や、料理にいまひとつ自信のない方はもちろん、料理のベテランの方も技術の確認のために、ぜひ手にとってみてください。新たな発見がきっとあるはずです。

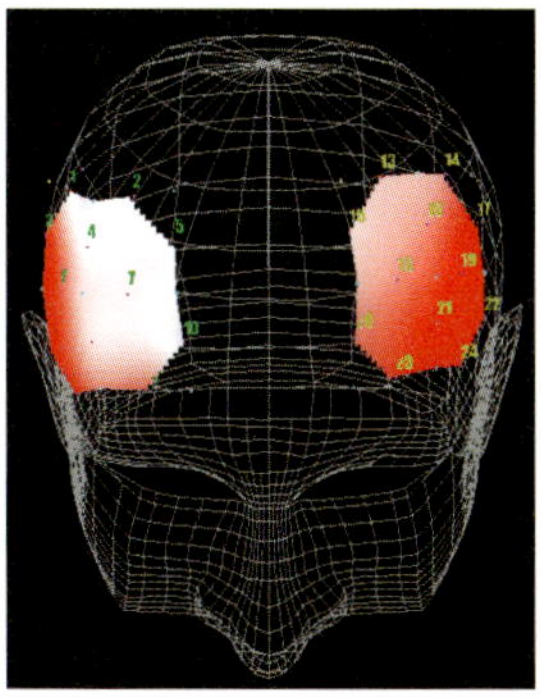

活発に働いている部分は赤く示される

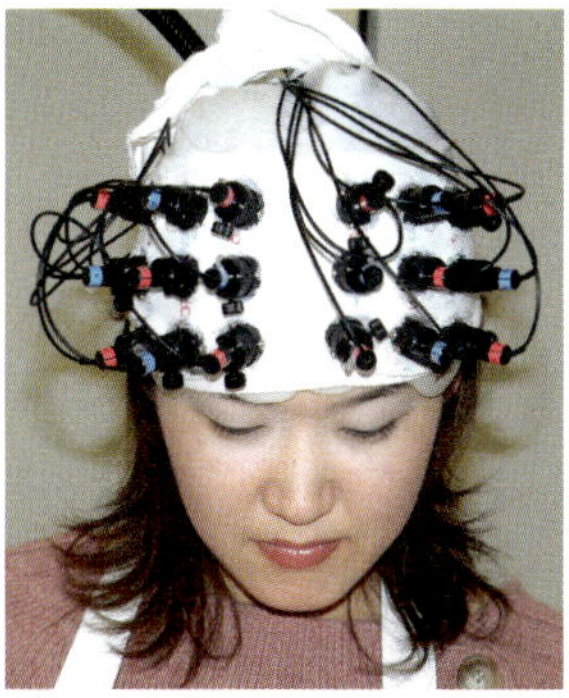

（注１）
脳機能イメージング実験
人間の脳の働きを画像としてみる最先端の研究。今回、料理と脳の関係を調べるために、近赤外光を用いた光トポグラフィーを使用した。この装置は、光の力を使って大脳の活動を画像化することができる。各ページに示した画像は、この実験の計測結果である

料理と脳の古くて新しい関係

「料理で脳を鍛える」とは突拍子《とっぴょうし》もないと思われる方もいらっしゃるかもしれません。しかし、脳科学的な裏づけがちゃんとあるのです。大脳《だいのう》右半球《みぎはんきゅう》の前頭葉《ぜんとうよう》を損傷《そんしょう》してしまうと、料理ができなくなることは古くから知られていました。高名なカナダ人の脳外科医ペンフィールドの姉が、脳腫瘍《のうしゅよう》の手術によって右半球前頭葉切除後《せつじょご》に料理を作ることができない症状を示したことは有名です。また、高齢者が料理を生活の中で行わなくなったとたんにボケがはじまるという話をよく聞きます。

料理をすると、脳がたくさん働きます

料理を行うことが、人間の最も大切な前頭前野《ぜんとうぜんや》（注2）を活性化するに違いないとの仮説《かせつ》を検証《けんしょう》するために、私たちは大阪ガス㈱との共同研究で、料理と脳の関係の研究を行ってきました。その結果、料理の献立《こんだて》の「プランをたてる」、野菜を包丁で「切る」、魚介と野菜を「炒《いた》める」、「料理を盛りつける」、いずれの場面でも、前頭前野が活性化することを証明しました。

東北大学未来科学技術共同研究センターと大阪ガスとの共同研究の様子

（注2）

前頭前野の機能

人間の左右の大脳《だいのう》は、前頭葉《ぜんとうよう》・頭頂葉《とうちょうよう》・側頭葉《そくとうよう》・後頭葉《こうとうよう》の４つの部分に分かれている。前頭葉は運動の脳、頭頂葉は触覚《しょっかく》の脳、側頭葉は聴覚《ちょうかく》の脳、後頭葉は視覚《しかく》の脳といったように、それぞれの部分は異なった機能を持っている。

前頭葉の大部分を占める前頭前野は、人間だけが特別に発達している部分であり、創造力、記憶力、コミュニケーション力、自制力などの源泉である。

左から見た脳

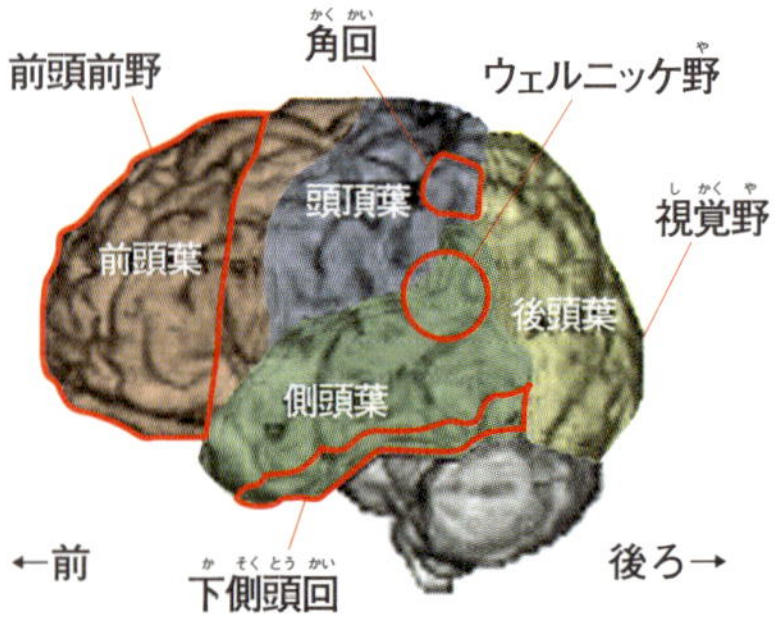

安静時

ぼんやりとして何も考えていないとき

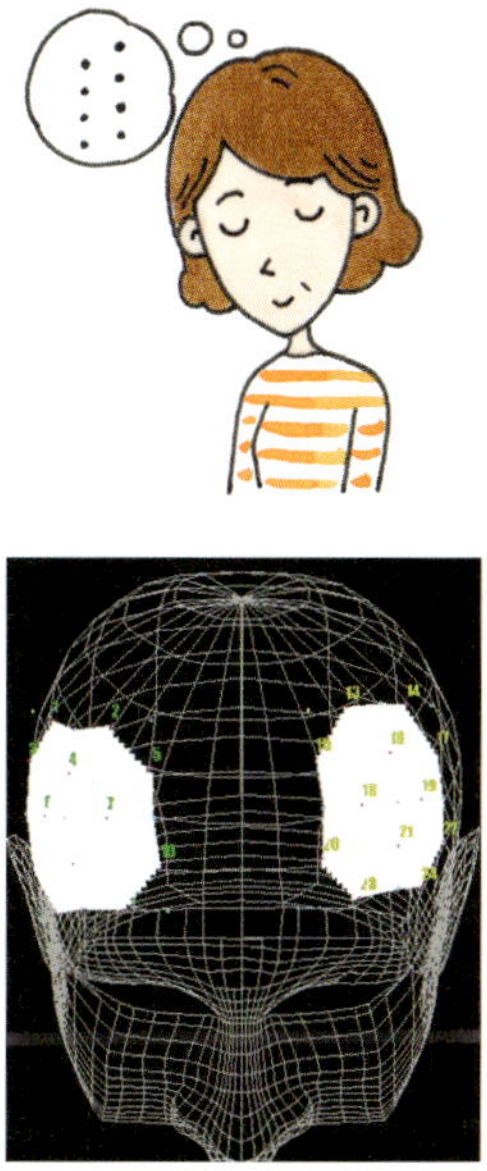

1 料理のプランをたてているとき

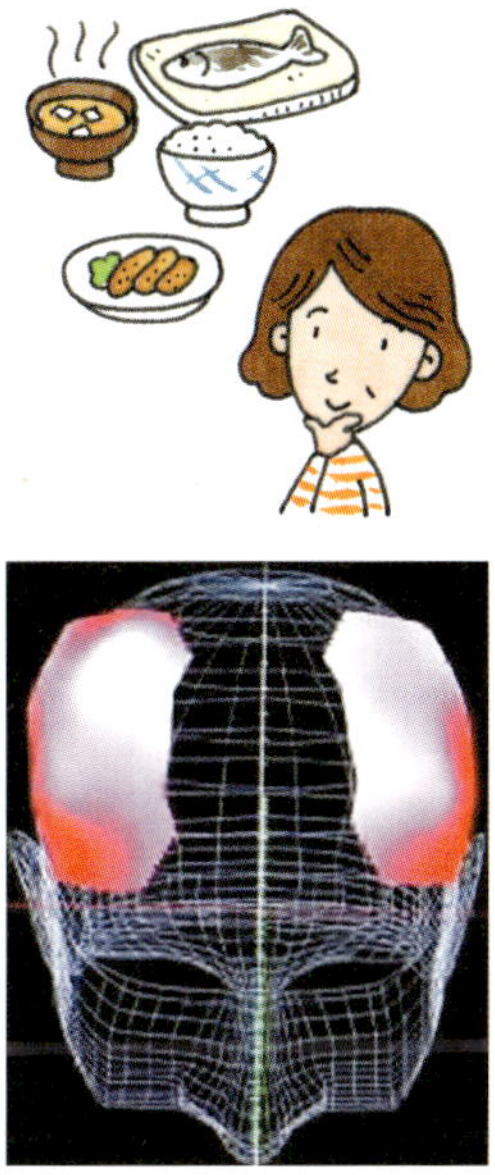

2 野菜を切っているとき

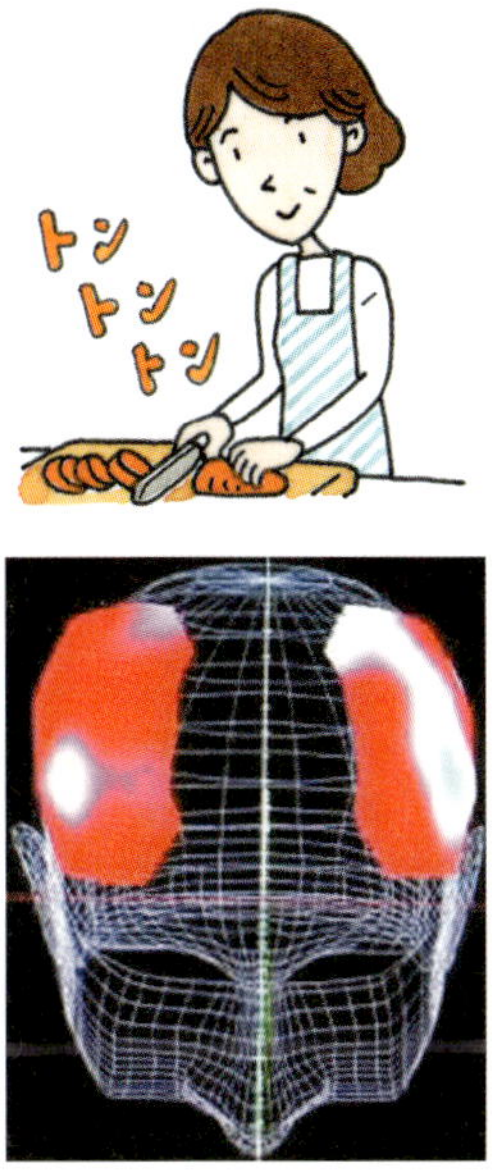

3 魚《ぎょ》介《かい》と野菜を炒《いた》めているとき

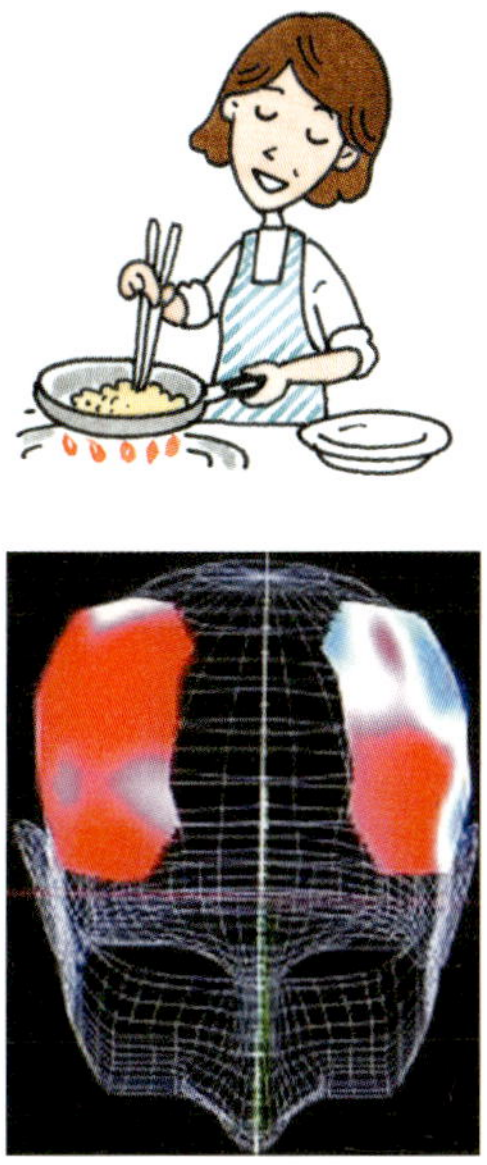

4 料理を盛りつけているとき

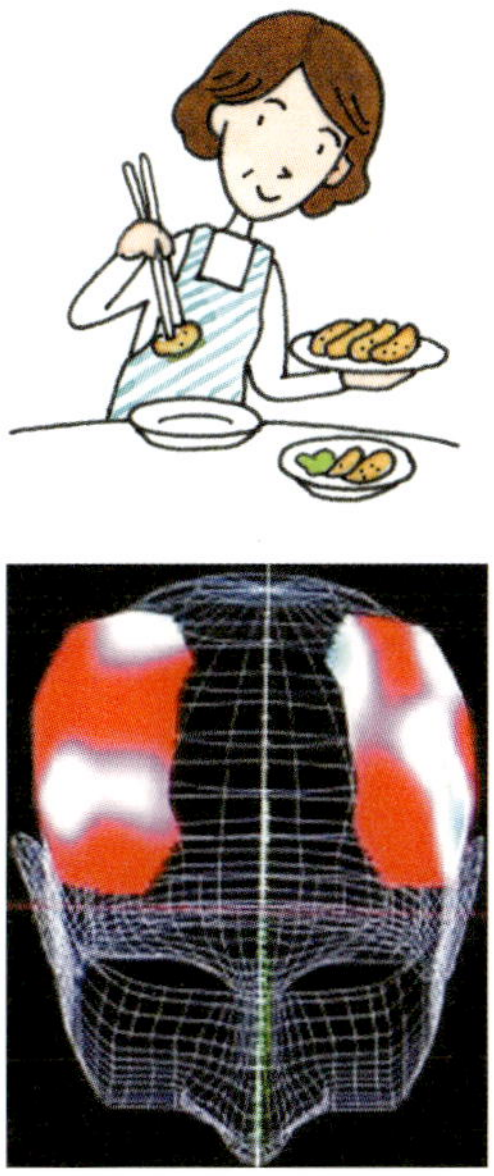

「ラクで便利」では脳は働きません。

同じりんごの皮をむくのでも、包丁でむくときには前頭前野は活性化します。けれども、皮むき器でむいたときには活性化しないのです(→P.10)

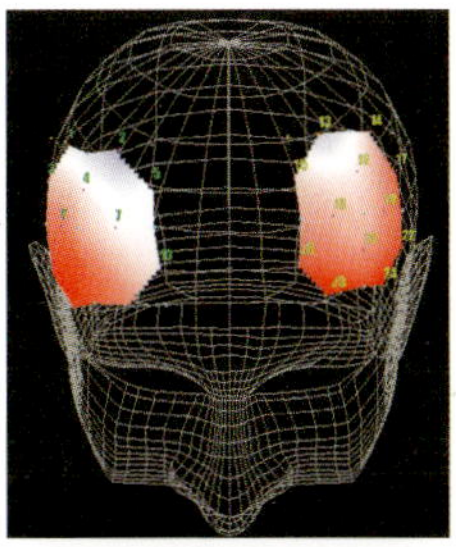

包丁でむいたとき

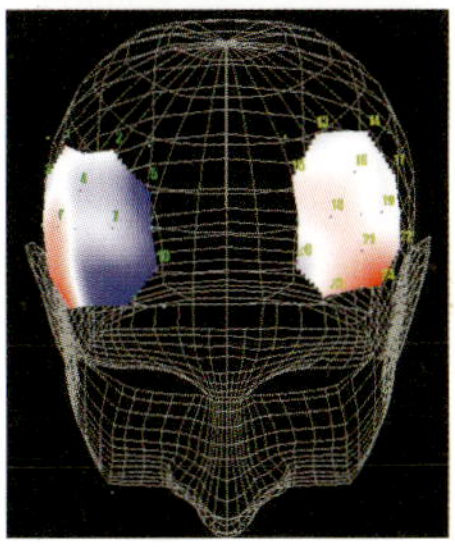

皮むき器でむいたとき

前頭前野《ぜんとうぜんや》のトレーニングが脳を鍛える

私たちは、仙台市との学都共同研究《がくときょうどうけんきゅう》プロジェクトや、東京都品川区との共同研究を通して、毎日の生活の中で、短時間でも前頭前野を積極的に使うことで、脳の若さを保ち、脳の働きをさらに良くすることが可能であることを証明しています。これらのプロジェクトでは、前頭前野のトレーニングとして、料理と同様に大脳左右半球《だいのうさゆうはんきゅう》の前頭前野を活性化させることが脳機能《のうきのう》イメージングによって証明されている音読と単純な計算を用いました。毎日、10分～15分程度のトレーニングによって効果があったのです。

毎日料理を作ることは、毎日効率的に前頭前野をトレーニングしていることになります。料理を作る習慣が、脳の若さを保つことに直接つながると考えられます。また、脳のトレーニングを行うのは午前中がベストです。朝食をしっかり作って食べたいものです。

料理で健康を守る

料理を手作りすることは、私たちの健康や暮らしの安全を守ることに直接つながります。毎日の食事の惣菜《そうざい》を買ってくることを想像してください。その惣菜の食材は、どこでどのようにして作られたものか、気にしたことがあるでしょうか？　不幸にして、わが国では、食糧の多くを輸入に頼っています。また、加工食品としての輸入も増えています。その食品ができるまでに、どのような農薬が使われ、どのような添加物《てんかぶつ》が

仙台市との学都共同研究プロジェクトの結果

認知機能の変化

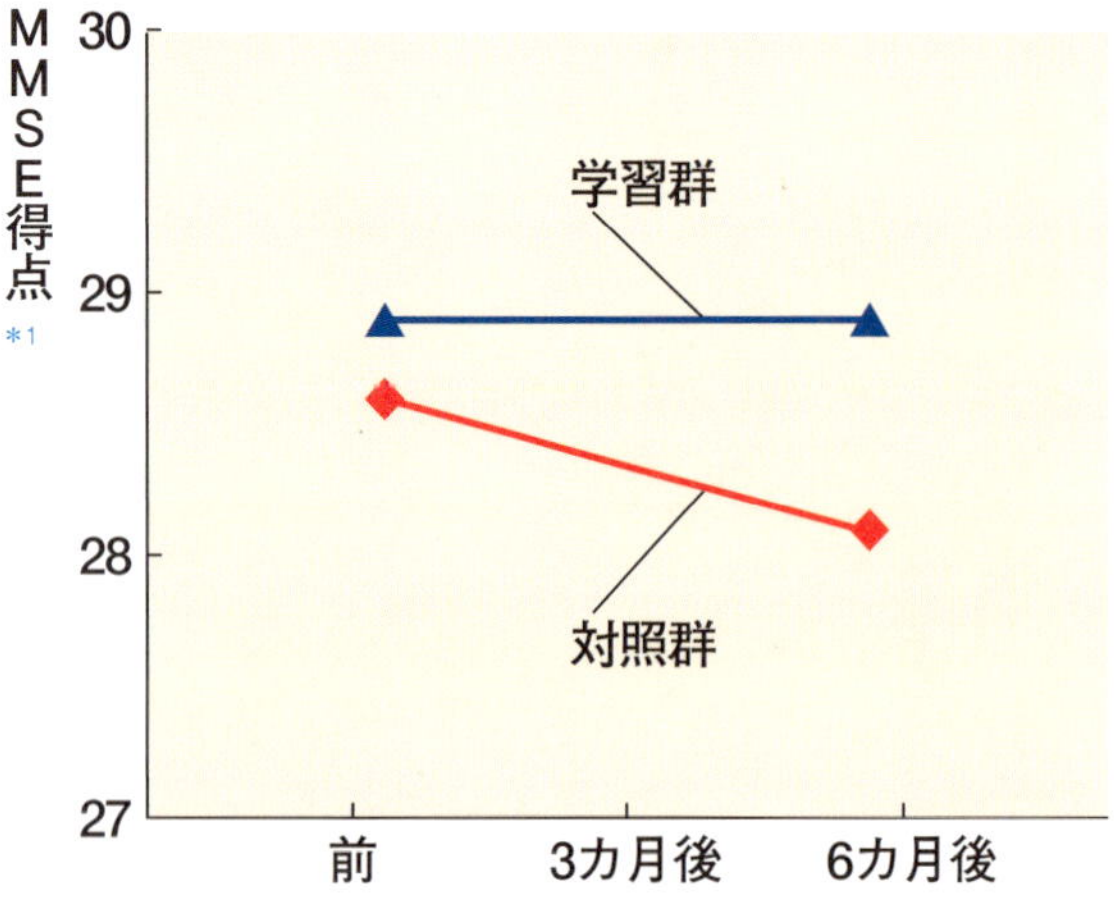

＊1 MMSE：理解する力や判断する力などの認知力を調べるテスト

前頭葉《ぜんとうよう》機能の変化

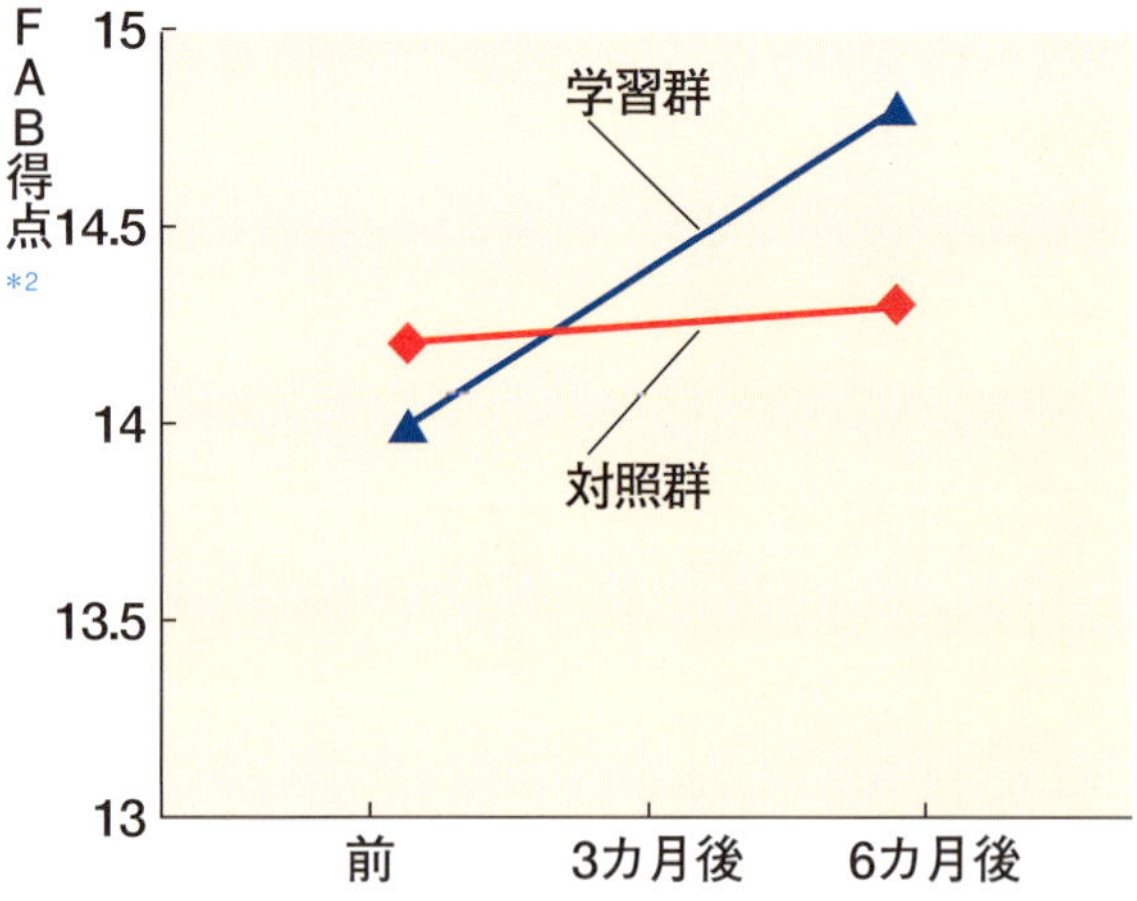

＊2 FAB：言葉を作り出す力や行動を制御・抑制する力などの前頭葉を調べるテスト

70歳以上の健康な高齢者の方々62名に、音読や簡単な計算の自宅学習を１日合計約15分間毎日行ってもらいました。学習を行わなかった人たち86名（対照群）は、半年間で前頭葉機能（ＦＡＢという検査で評価する、言葉を作り出したり、行動を抑制したり、指示にしたがって行動したりする能力）には変化がありませんでしたが、学習を行った人たち（学習群）は前頭葉機能が改善することがわかりました。また、認知機能（MMSEという検査で評価する、ものを理解する力や判断する力）については、学習をした人たち（学習群）は変化がなく維持していますが、学習をしなかった人たち（対照群）は低下して行くことがわかりました。

入っているのか。私たちは知ることすらできません。

　料理を手作りする場合はどうでしょう。スーパーの食材売り場に行けば、どこで誰がどのようにして作った物か、きちんと表示されています。皆さん自身の健康を、自分の手で直接守ることができるのです。多くの人が料理を手作りするようになって、安全で旬《しゅん》の食材を求めるようになれば、国内の農産物の消費が増え、豊かで安全な国になることも期待できるのです。

料理で子どもの健《けん》全《ぜん》育《いく》成《せい》

　大阪ガス㈱との共同研究では、親子で一緒におやつを作っているときの、子どもの前頭前野の働きも調べました。親と一緒に、ホットケーキを焼いているとき、ホットケーキをホイップクリームや果物を使って盛りつけているとき、どちらも子ども達の前頭前野はおおいに活性化していました。親子で一緒に料理をするだけで、子ども達の大切な前頭前野を育てることができます。休みの日は、親子でおやつ作りを楽しむのが良いですね。

　子どもの脳の発達には、バランスのよい食事は必《ひっ》須《す》です。特に朝食が大切。朝食はしっかりとらせてほしいと思います。ごはんは脳のガソリンになります。ガス欠のまま、学校に行かせても授業内容は子どもの頭には入りません。たんぱく質《しつ》、脂《し》肪《ぼう》、ビタミン、ミネラル、これらは脳の発達をささえる大切な道具となります。脳をいくら使っても、脳を造る道具がなければ脳は育ちません。

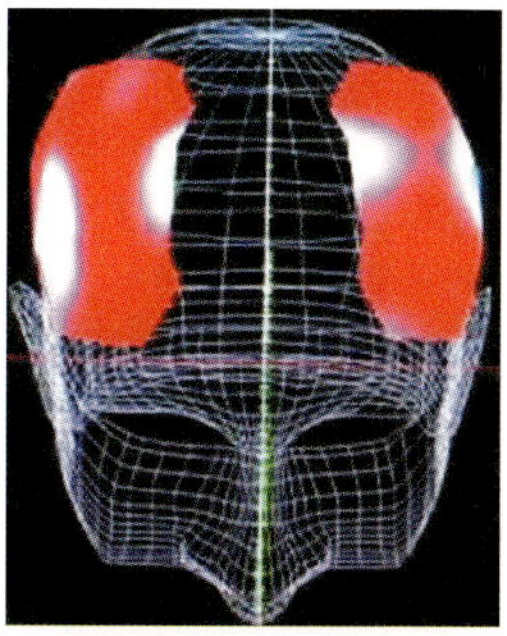
親と一緒にホットケーキを作っているときの子どもの前頭前野

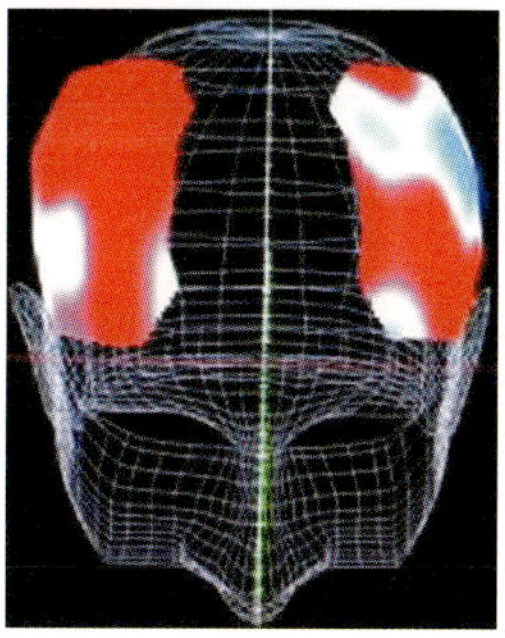
親と一緒にホットケーキを盛りつけているときの子どもの前頭前野

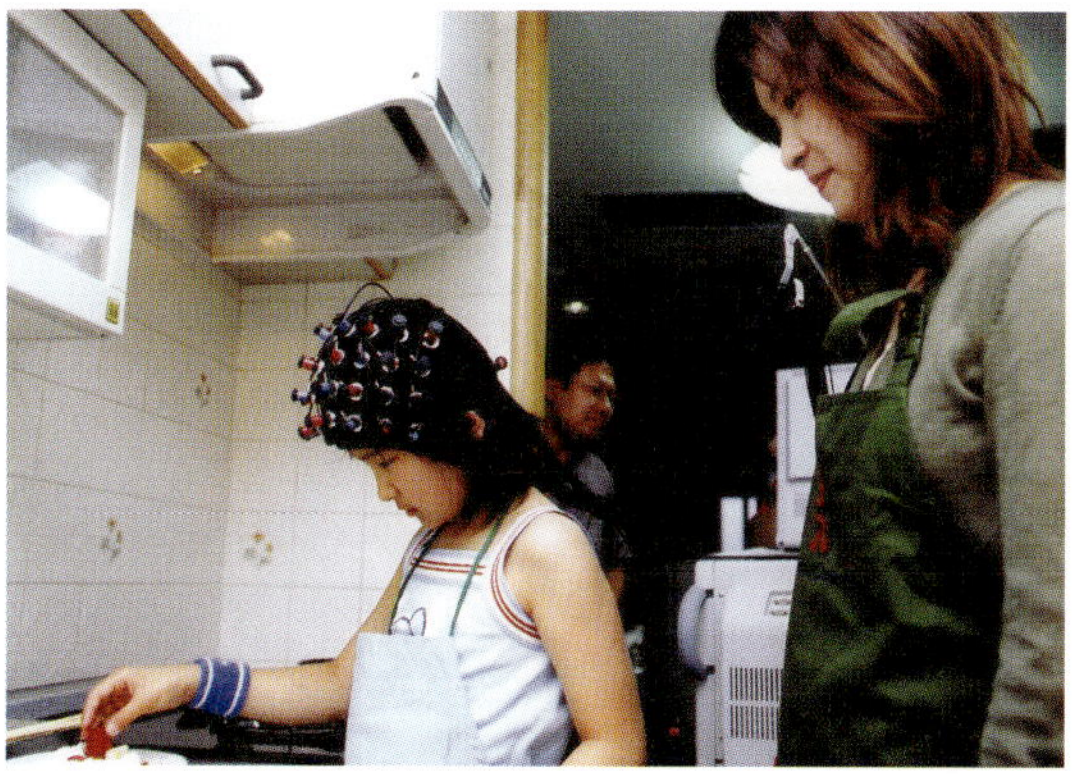
親子で一緒にホットケーキを「焼く」「盛りつける」ときに、子どもの前頭前野がそれぞれどのように働いているかを実験したときの様子

この本を使った脳のトレーニング方法

1 まずは現在の脳の働き具合をチェック

92ページの前頭葉機能チェック（１回目）を行い、現在の自分の脳の働き具合をチェックしておきましょう。

くわしいやり方は、91ページをご覧ください。

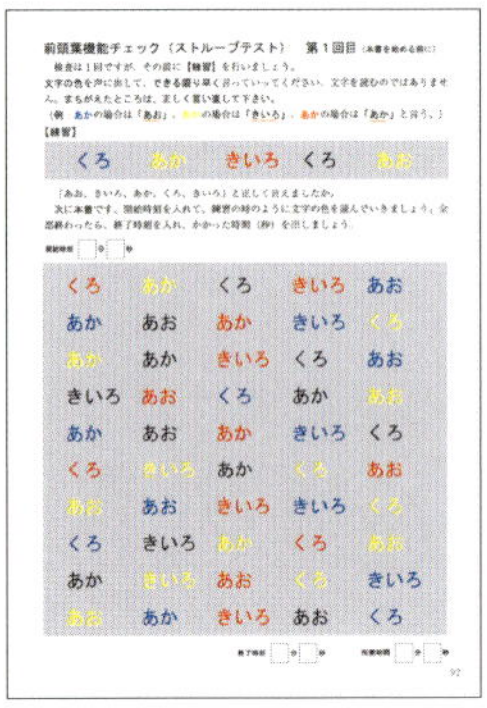

前頭葉機能チェック（ストループテスト）　第１回目

検査は１回ですが、その前に【練習】を行いましょう。

文字の色を声に出して、できる限り早く言っていってください。文字を読むのではありません。まちがえたところは、正しく言い直して下さい。

（例　あかの場合は「あお」、あかの場合は「きいろ」、あかの場合は「あか」と言う。）


【練習】

くろ	あか	きいろ	くろ	あお

「あお、きいろ、あか、くろ、きいろ」と正しく言えましたか。

次に本番です。開始時刻を入れて、練習の時のように文字の色を読んでいきましょう。全部終わったら、終了時刻を入れ、かかった時間（秒）を出しましょう。

開始時刻 分 秒

くろ	あか	くろ	きいろ	あお
あか	あお	あか	きいろ	くろ
あか	あか	きいろ	くろ	あお
きいろ	あお	くろ	あか	あお
あか	あお	あか	きいろ	くろ
くろ	きいろ	あか	くろ	あお
あお	あお	きいろ	きいろ	くろ
くろ	きいろ	あか	くろ	あお
あか	きいろ	あお	くろ	きいろ
あお	あか	きいろ	あお	くろ

終了時刻 分 秒　所要時間 分 秒

92

2 「今日の料理ドリル」のテクニックを使った一品に毎日挑戦しましょう

①「今日の料理ドリル」をよく読みましょう。

②読んだら、その日のテクニックを使った料理にチャレンジしましょう。本を見ながらでもかまいません。

●「どのような料理を作るか」は皆さんの自由です。

●料理が思い浮かばない方は、「岸朝子のオススメ健康食レシピ」にチャレンジしてみましょう。

●料理にあまり自信がなかったり、初めて料理をする方は、84ページからの「料理のポイント」をよく読んでから始めるとよいでしょう。

●この本の見方

難易度

★★★…かなり練習が必要なテクニック。
★★…少し練習が必要なテクニック。
★…練習すればすぐにできるテクニック。

前《ぜん》頭《とう》前《ぜん》野《や》の状態

そのページの料理テクニックに取り組んでいるときの、前頭前野の状態を表します。安静時（頭を休めているとき）を基準（白色）にして、
赤色…安静時よりも活性化している部分
青色…安静時よりも活性化が低下している部分
を示しています。

前頭前野の活性度

前頭前野がおおいに活性化する「単純計算（簡単な計算問題を、できるだけ速く解く）」を基準にし、それぞれの料理テクニックで前頭前野がどの程度活性化するかを示しています。
★★★…「単純計算」よりも活性化している。
★★…「単純計算」と同じくらい活性化している。
★…「単純計算」ほどではないが、活性化している。

※前頭前野の活性度は、同じ人の単純計算と料理の計測結果を比較して導きだしています。したがって、★の数が同じでも、前頭前野の画像の様子（赤くなり具合）が異なる場合があります。

目標レベル

金メダル…文句なし！　カンペキ！

銀メダル…完全クリアまであと一歩。

銅メダル…もう少しがんばりましょう。

3 がんばった記録を、「記録用紙」につけましょう

③料理が終わったら、右ページの下にある「目標レベル」で今回のレベルを確認しましょう。「目標レベル」は、女子栄養大学の家庭料理検定・基礎実技や、料理未経験者に料理を教えている方々のご意見を参考に設定しました。
④レベルを確認できたら、巻末の記録用紙（「わたしの脳トレーニンググラフ」）に記入しましょう。料理をすること自体が脳のトレーニングです。この本でのトレーニングだけでなく、その日に使ったテクニックをすべて記録していけば、自分だけのトレーニンググラフになります。

4 最後に、もう一度脳の働き具合をチェック

30日分終了したら、93ページの前頭葉機能チェック（2回目）をやってみましょう。

トレーニングの効果の出方には個人差があります。30日間では数値が変化しないこともありますが、それは脳機能が維持されているということであって、すばらしいことなのです。トレーニングを維持していくと確実に脳機能は向上していきます。あるときに昔の自分とは違っていることに気づくはずです。また、同じ時間・同じ環境でテストを行うと、変化がよりハッキリと見えます。

5 料理を毎日の習慣にしましょう

30のテクニック以外にも

- 「伝統の“わざ”にチャレンジ！」…伝統のわざ＆職人レベルのテクニック集
- 「家族でわいわいレシピ」…休日などに、家族みんなで取り組めるレシピ

を紹介しています。毎日楽しみながら、料理をつづけましょう。

この本を使い終えた後も、日々料理を行う習慣を保ち、脳のトレーニングをつづけることが大切です。全部のテクニックで金メダルをめざしたり、自分だけのオリジナルレシピを考えたりなど、楽しみながら料理をつづけていってください。

★脳のトレーニングは、一日のうちで脳が最も活発に働く午前中がベスト。朝食や昼食をしっかり作って食べたいものです。

今日の料理ドリル
その日に挑戦する料理テクニックのやり方を、順を追ってていねいに示しています。

岸朝子のオススメ健康食レシピ
その日のテクニックで作れる料理レシピ。「おいしく食べて健康長寿」がモットーの岸朝子さんがおすすめする、体にうれしい健康食です。

レシピについて
●「調理時間の目安」は、下ごしらえからできあがりまでにかかる時間を、おおよその目安として示したものです。この時間内に料理をしなければならないという制限時間ではありませんので、あわてずに取り組みましょう。
●「材料」の分量は基本的に4人分です。ただし、作りたい量によって材料の分量を調節したり、食材の状態や味付けの好みによって調味料の量を調節してもかまいません。

●切る

第1日

難易度★

きゅうりの小口切り

同じ厚さに

細長い棒《ぼう》状の材料を、端《はし》から薄く切る。

前頭前野の活性度★★★

安静時

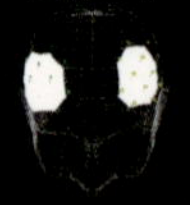

作業中

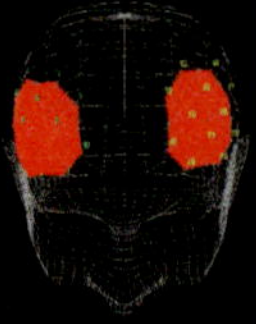

30代・女性

小口切りの目標レベル

きれいに丸く切れるよう、ゆっくりていねいに。2cmの幅で何枚切れたかで、薄さをチェック。

金メダル	2cmの幅で20枚以上切れた（1枚＝1mm厚）。
銀メダル	2cmの幅で15～19枚切れた（1枚＝約1.5mm厚）。
銅メダル	2cmの幅で10～14枚切れた（1枚＝約2mm厚）。

今日の料理ドリル

終わったら、巻末の記録用紙に記入しましょう。

●用意するもの

包丁、まな板、きゅうり、塩

1 きゅうりは流水でよく洗い、水けをきる。

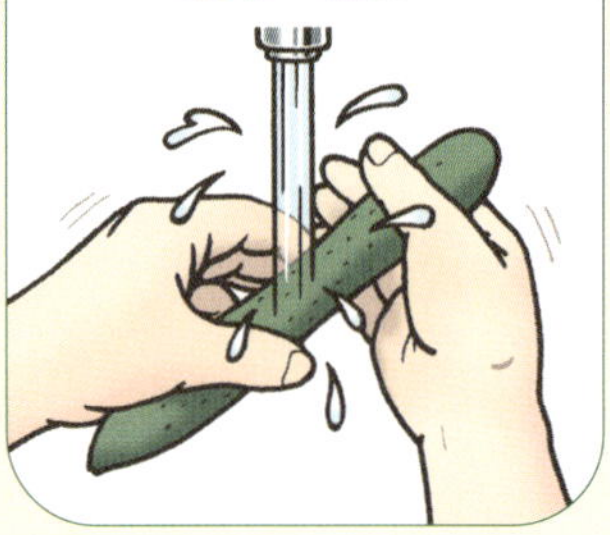

流水で洗う

2 きゅうり1本に対し塩小さじ1/2を全体にふり、まな板の上で4～5回ゴロゴロと転がす（板ずり）。さっと水洗いして塩を落とし、水けをきる。

板ずりで色鮮《あざ》やかに

3　Aの調味料をよく混ぜ合わせる。

4　きゅうり、たこ、わかめを器に盛り、**3**を回しかけてできあがり。

今日のテクニックポイント

同じ厚さに

3

きゅうりをおさえる手は、手のひらで卵をにぎるような感覚で軽くふくらませ、しっかりとおさえる。その手の指に包丁の腹をあて、端から厚さをそろえて切る。

コツその1

同じ厚さに切るのがきれいに仕上げるポイント。

ほかの素材で

長ねぎやあさつきは、10cmほどの扱いやすい長さに切ってから、数本をまとめて端から同じ厚さに切る。

コツその2

きゅうりをおさえている手の指に包丁の腹をあてる。

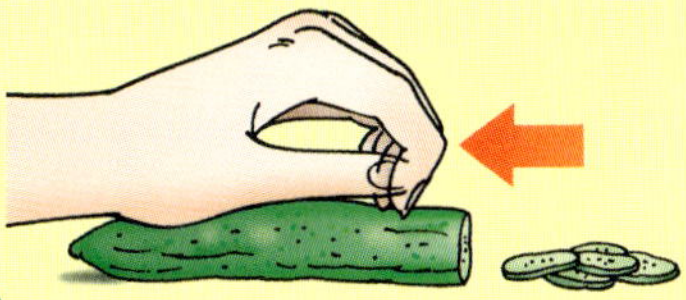

目標レベルを見て今回のレベルをチェックしましょう。

岸朝子の小口切りを使ったオススメ健康食レシピ

きゅうりとたこの酢の物

1人分のエネルギー…16キロカロリー
調理時間の目安……15分

さっぱりとした和食の定番。あまり食欲がないときでも、最初に酢の物を食べると酢の効果で胃の働きが活発に。

●材料（4人分）

きゅうり　1本
塩　少々
たこ（ゆで）　40g
わかめ（乾燥ではなく塩《えん》蔵《ぞう》）　20g
A
酢　大さじ1
しょうゆ　大さじ1/2
塩　少々

1　小口切りにしたきゅうりに塩をふり約4分おく。しんなりしたらさっと水洗いし水けをしぼる。

2　たこは食べやすい厚さに切る。わかめは水につけて塩を抜《ぬ》き、一口大に切る。

●むく

第2日 りんごの皮をむく

難易度 ★★

前頭前野の活性度 ★★★

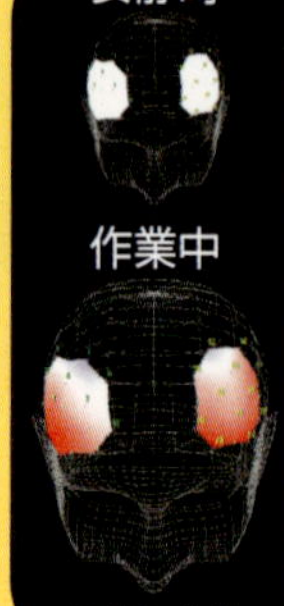

安静時
作業中
30代・女性

最後までつなげて

りんごの皮を、まるごと切り離さずに、最後までぐるりとむく。

りんごの皮むきの目標レベル

ポイントは、包丁を持つ手ではなくりんごを持つ手をまわすこと。できるだけ薄くぐるりと皮がむけるようになるには、経験と慣れが必要。最後までつなげて切れれば金メダル。

金メダル	途中で1回も切れずにぐるりとむけた。
銀メダル	半分はつながったまま、皮がむけた。
銅メダル	5cmくらいはつながったまま、皮がむけた。

今日の料理ドリル

終わったら、巻末の記録用紙に記入しましょう。

●用意するもの

ペティナイフ、まな板、りんご、ボウル、塩水（水500ccに対し塩小さじ1/2の割合）

1

りんごは洗って、水けをきる。

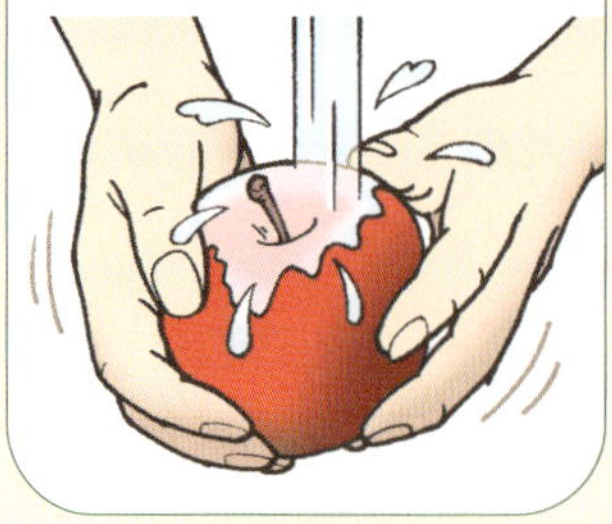

よく洗うこと

2

ヘタの横からナイフの刃を入れる。刃《は》元《もと》に近いほうを使うとよい。

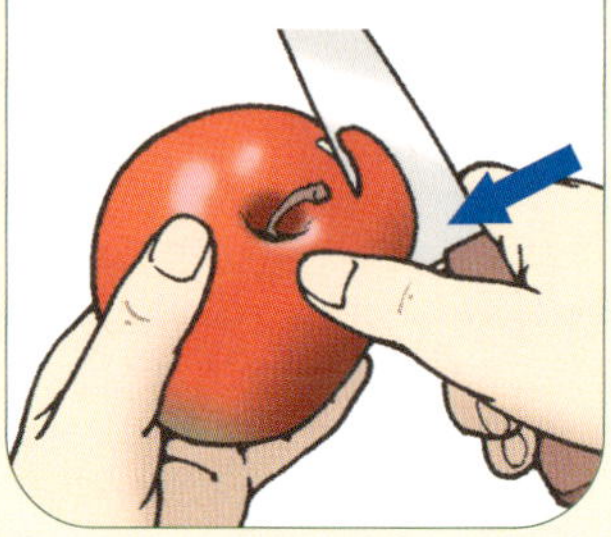

刃元近くがむきやすい

包丁vs.ピーラー 脳が活性化するのはどっち？！

ピーラーとはりんごやにんじん、じゃがいもの皮をむくときなどに使う皮むき器のこと。便利な調理器具だが、ピーラーを使って皮をむくと、脳は活性化しないのが、実験によりはっきりとわかった。

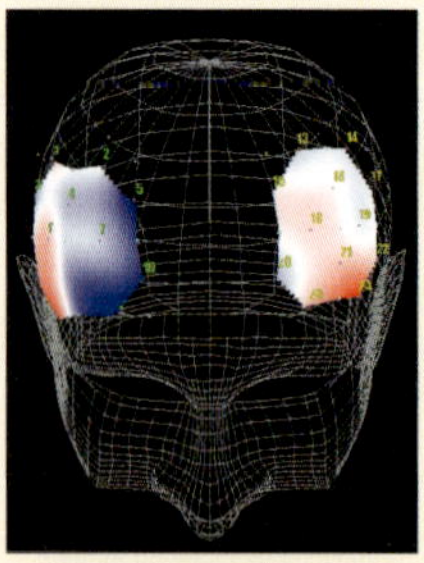

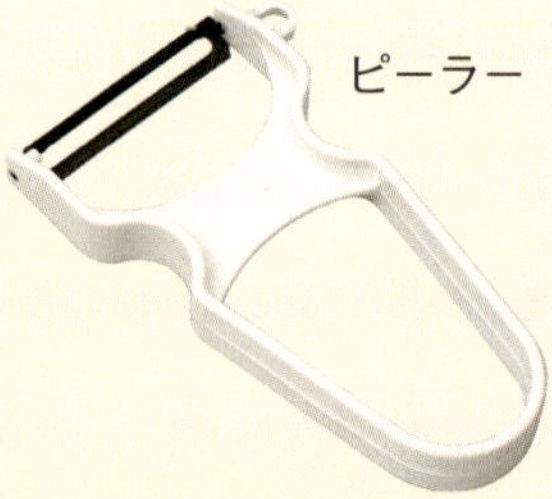

ピーラー

ピーラーを使ったときの前《ぜん》頭《とう》前《ぜん》野《や》。青色のところ（安静時よりも活性化が低下している部分）が広がっている。

岸朝子のりんごの皮むきを使ったオススメ健康食レシピ

フルーツサラダ

1人分のエネルギー…117キロカロリー
調理時間の目安……10分

たっぷりのフルーツをヨーグルトであえたヘルシーサラダ。

●**材料**(4人分)

りんご　1/2個
キウイ　1個
バナナ　1本
ミックスフルーツ缶詰《かんづめ》　1缶
ヨーグルト　200g

1　りんごは皮をむいて8等分のくし形に切り、芯《しん》を除く。手を軽く丸めてりんごをおさえ、端《はし》から薄く切る。

2　キウイもりんごと同じように皮をむき、縦《たて》4等分にしたあと、端から薄く切る。

3　バナナは手で皮をむき、薄く切る。ボウルに切った果物と缶詰の中身を入れる。

4　ヨーグルトを加えて混ぜる。好みで缶詰の汁《しる》を加えるなどして甘みを調節する。器に盛りつけてできあがり。

今日のテクニックポイント

最後までつなげて

3

皮の上から刃を親指でおさえるようにしながら、りんごを持った手を回して、できるだけ薄く皮をむいていく。

コツその1

ペティナイフはりんごの丸みに無理なくそわせる。

コツその2

ナイフを持った手を移動させるのではなく、りんごを持った手を回しながらむく。

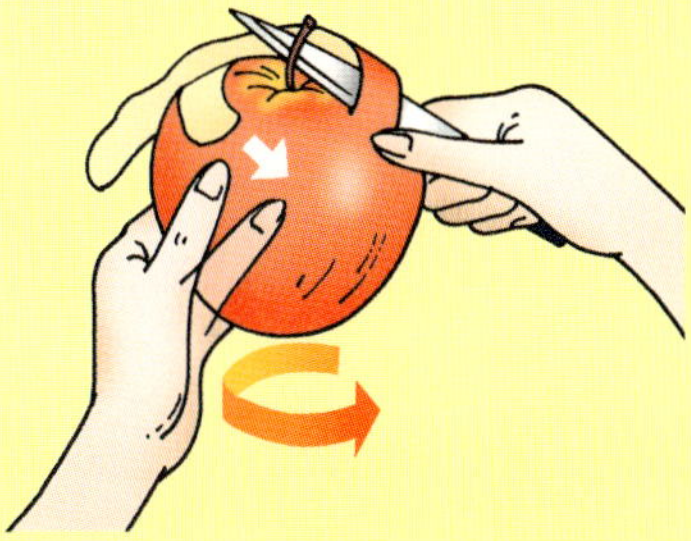

目標レベルを見て今回のレベルをチェックしましょう。

4

用途に合わせた大きさに切り分け、変色を防ぐため塩水につけて水けをきる。

完成!　塩水で変色を防ぐ

●おろす

第3日 大根をおろす

難易度★

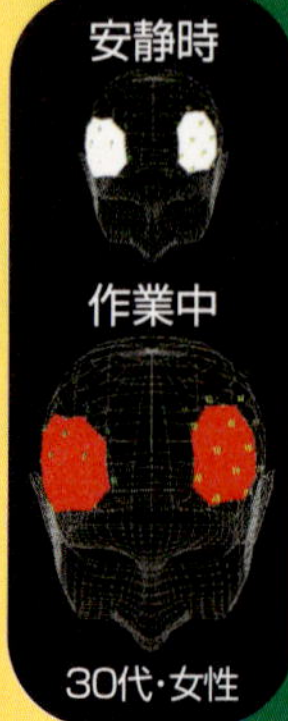

前頭前野の活性度★★★

おろし金に直角にあてる

大根をおろし金に直角にあて、手の力を均等に入れておろす。

今日の料理ドリル

終わったら、巻末の記録用紙に記入しましょう。

大根おろしの目標レベル

きめ細かな大根おろしを作るには、大根の繊維が直角に、おろし金にあたることが大切。途中で角度や向きが変わると、口あたりが変わってくる。できあがりの状態でチェック。

金メダル	きめ細かく口あたりがよい。
銀メダル	水分は適度だが繊維がやや口にのこる。
銅メダル	繊維がのこって水っぽいが、すりおろせた。

●用意するもの

包丁、まな板、おろし金、ボウル、ざる、大根

1

大根は洗って水けをきり、持ちやすい長さに切る。太い大根の場合は縦《たて》2等分～4等分に切る。

持ちやすい長さに切る

2

包丁で皮をやや厚めにむく。左手で大根を回しながら、同じ厚さになるようにぐるりとむく。

皮は厚めに均等にむく

野菜の繊維《せんい》

野菜をよく観察するとスジが走っているのがわかる。このスジが、野菜の切り方で「繊維にそって」とか「繊維を切るように」といわれる「繊維」。繊維にそって切るとシャキシャキした歯ざわり、繊維を切るように切るとやわらかな仕上がりになる。

岸朝子の大根おろしを使ったオススメ健康食レシピ

ビーフステーキ　おろし添《そ》え

１人分のエネルギー…269キロカロリー
調理時間の目安……15分（肉を室温に戻す時間を除く）

大根おろしをたっぷり添えた和風ステーキ。消化を助けるジアスターゼなどの酵素《こうそ》を多く含む大根はステーキと相性ばつぐん。

●材料（4人分）

牛サーロイン（ステーキ用）　2枚
塩、こしょう　各少々
サラダ油　大さじ1
大根おろし　1カップ分（水けをきっておく）
あさつき　適宜《てきぎ》（好みなどによって量を調整）
しょうゆ　適宜

1　ステーキ肉は焼く1時間ほど前に冷蔵庫から出し室温に戻しておく。10分ほど前になったら両面に塩、こしょうをふる。

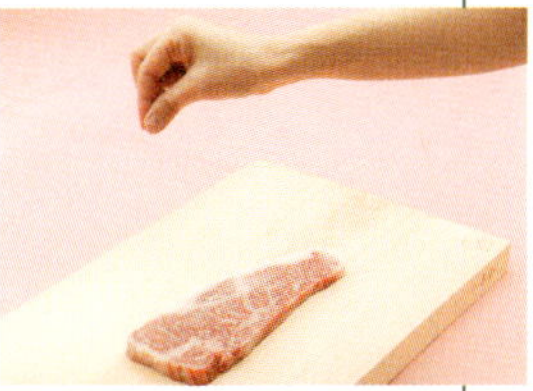

2　熱したフライパンに油をひき、皿に盛るときに表になる面を下にして肉を入れる。強火で1分弱、中火にして1分焼いたら裏返す。

3　裏も表と同じくらいの焼き色になるまで焼いて取り出す。食べやすい大きさに切り分け、器に盛りつける。

4　大根おろしをのせ、小口切り（→第1日）にしたあさつきを散らす。しょうゆを添え、食べる直前にかける。

今日のテクニックポイント　おろし金に直角にあてる

3

切り口をまっすぐにおろし金にあて、できるだけおろし金と平行に前後に動かしながらおろす。指がおろし金にあたらないよう注意。大根が小さくなってきたら、指先で大根の上部をおさえるようにして持つ。

金属のおろし金を使う場合も、切り口が直角にあたるように

コツその1

大根は横や斜《なな》めにせず、繊維に直角になるようにおろし金にあてる。

コツその2

小さくなった大根は指先で上部を持つ。

4

ざるに上げ、軽く水けをきる。手でしぼらないこと。

完成!　ざるで水きり

目標レベルを見て今回のレベルをチェックしましょう。

第4日

難易度★

にんじんの乱切り

食べやすい一定の大きさに

前頭前野の活性度★★★

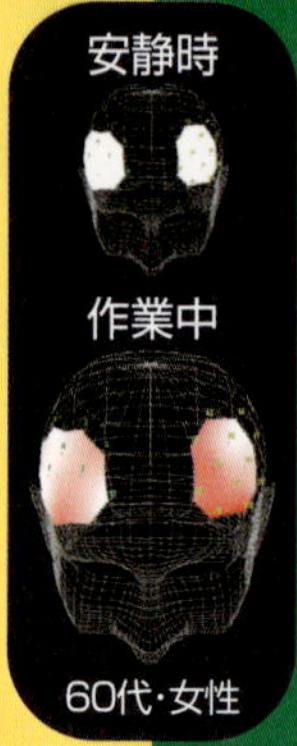

切る形に決まりはないが、食べやすい一定の大きさに切る。きゅうりやごぼうなど、太さが一定なものは比較的大きさがそろいやすい。

今日の料理ドリル

終わったら、巻末の記録用紙に記入しましょう。

乱切りの目標レベル

にんじんのように、根《ね》元《もと》と先《せん》端《たん》で太さの違うものを乱切りするときは、どれも均一の大きさになるように切ることがポイント。そうすることで、ムラなく火が通るようになる。

金メダル	きれいな形で、均一の大きさに切れた。
銀メダル	形はきれいだが、先端のほうは小さくなった。
銅メダル	斜めに切れているが、大きさがバラバラ。

●用意するもの

包丁、まな板、にんじん

1

にんじんは水で洗い水けをきって、皮をむく。包丁ではうまくむけず危険な場合は、ピーラーを使う。

今日のテクニックポイント

食べやすい一定の大きさに

2

端《はし》を斜《なな》めに切り、常に切り口が上に来るように回しながら、大きさをそろえて斜めに切っていく。

コツその1

先《せん》端《たん》は細いのでやや大きめに。根《ね》元《もと》に近づくにつれて太くなるのに注意して大きさをそろえる。

コツその2

切り口が上に来るように、手前に回しながら。

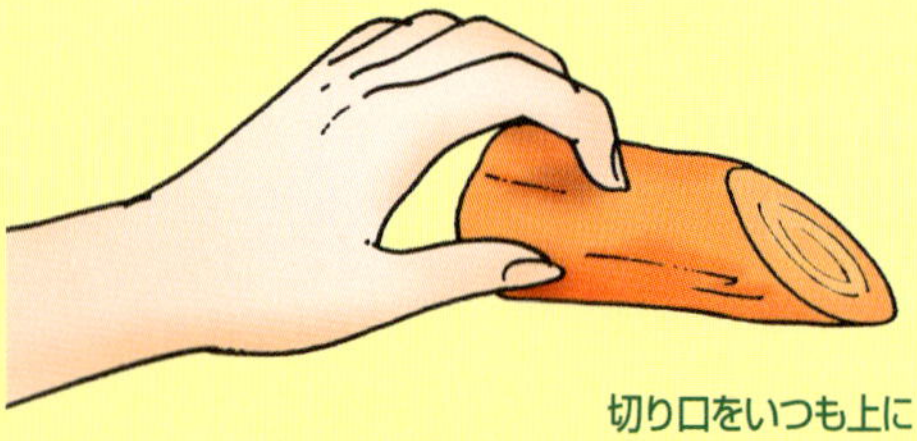

切り口をいつも上に

目標レベルを見て今回のレベルをチェックしましょう。

岸朝子の乱切りを使ったオススメ健康食レシピ

和風ポトフ

1人分のエネルギー…　373キロカロリー
調理時間の目安……120分

からだがほっこり温まる和《わ》テイストのポトフ。大根、ごぼうなど食物繊維《しょくもつせんい》の豊富な根《こん》菜《さい》がたっぷり。

●材料（4人分）

	A
牛すね肉　500g	じゃがいも　2個
水　8カップ(1600cc)	にんじん　1本
玉ねぎ　1個	セロリ　1本
キャベツ　1/4個	ごぼう　1本
固形スープの素　1個	大根　1/3本
塩、こしょう　各少々	

1 牛すね肉は塩、こしょうをふり、鍋《なべ》に入れて水を加え火にかける。煮《に》立《た》ったら弱火にし、約40分煮込む。

2 Aの野菜は乱切りにする。太い大根は縦4つ割りにしてから乱切りに。玉ねぎ、キャベツは端から2cmくらいの幅にザクザクと切る。

3 鍋のアクを除き固形スープの素を加える。**2**の野菜を加え、弱火でコトコトと約1時間煮込む。

4 最後に塩、こしょうで味をととのえる。牛すね肉は取り出して食べやすい大きさに切り、野菜とともに器に盛りつけてできあがり。

にんじんの栄養

にんじんはベータカロテンという栄養素が豊富な、緑黄色野菜《りょくおうしょくやさい》の代表選手。ベータカロテンは皮のすぐ下に最も多く含まれるので、皮はできるだけ薄くむくこと。油と一緒にとると体内での吸収率が高まるので、油を使った調理方法もおすすめ。

太いにんじんの場合は

A 皮をむき、縦《たて》2つ割りにする。

B 切り口を下、幅の太い方を左におき、右端から斜めに切る。

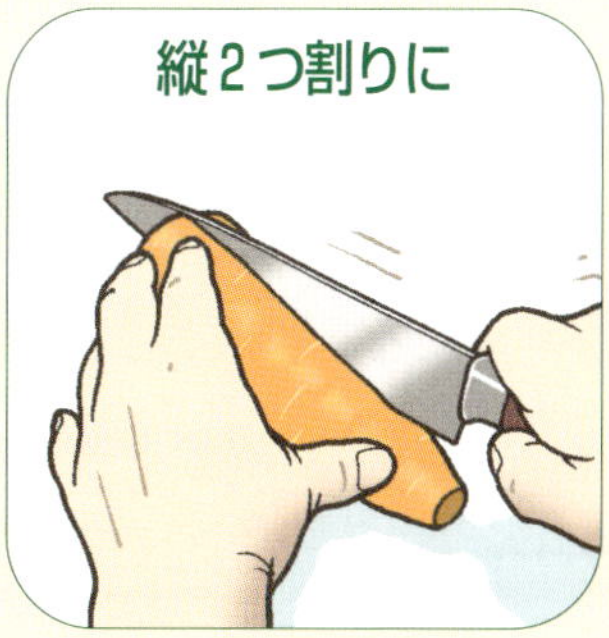

C 包丁を入れる角度を変えながら斜めに切る作業をくり返す。

●切る

第5日 じゃがいもの いちょう切り

難易度★

同じ大きさになるように

前頭前野の活性度★★★

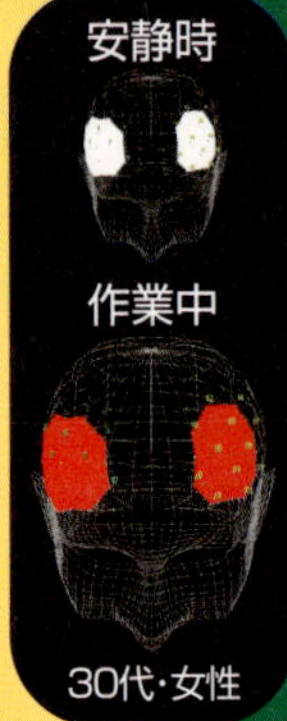
安静時
作業中
30代・女性

切り口が円形の材料を四つ割りにし、端《はし》から切る。切った形をいちょうの葉に見立てて「いちょう切り」と呼ぶ。

いちょう切りの目標レベル

中央部分と両端で太さのちがうじゃがいもだが、火の通りを均一にするためには、全体をほぼ同じ大きさにそろえること。両端に近い部分は、やや厚めに切ると大きさがそろう。

金メダル	同じ大きさで切れた。
銀メダル	いちょう形だが大きさがバラバラ。
銅メダル	形や大きさがバラバラ。

今日の料理ドリル

終わったら、巻末の記録用紙に記入しましょう。

●用意するもの

たわし、包丁、まな板、ボウル、じゃがいも

1

じゃがいもはたわしで洗って泥《どろ》を落とし、包丁を使って皮をむく。りんごの皮むき（→第2日）と同じように、じゃがいもを持った手を回す。

じゃがいもを回して

2

包丁の刃《は》元《もと》を芽《め》のつけ根にあて、じゃがいもをぐるりと回すようにして、芽をえぐり取る。

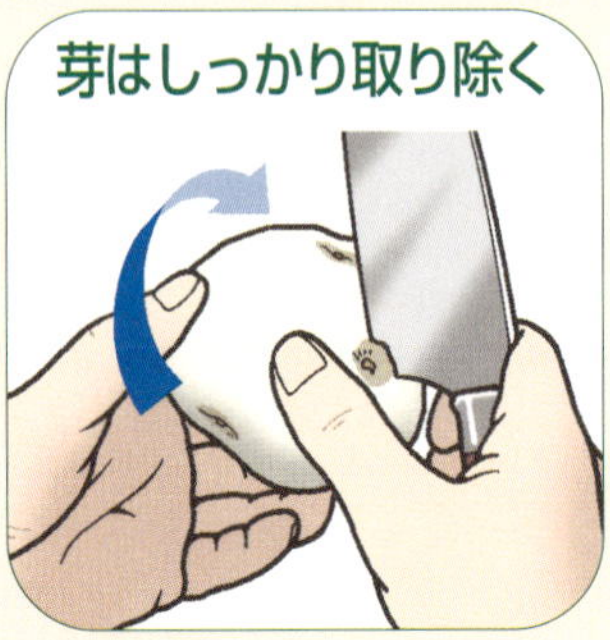
芽はしっかり取り除く

3 ざるにあげて水けをきったら、耐《たい》熱《ねつ》皿《ざら》に入れ、生クリーム、牛乳を回しかける。

4 とろけるチーズを全体に散らし、その上にパン粉を薄くふる。バターをのせ180度のオーブンで約15分、表面にこんがり焦《こ》げ目がつくまで焼く。

今日のテクニックポイント

同じ大きさになるように

3

4等分にしたうちの2つを切り口を下にしてまな板の上におき、端から同じ大きさに切る。

コツその1

でこぼこしていない形のよいじゃがいもを選ぼう。

コツその2

見た目にも美しく火の通りを均一にするには、端に近い部分はやや厚めに切り、大きさをそろえる。

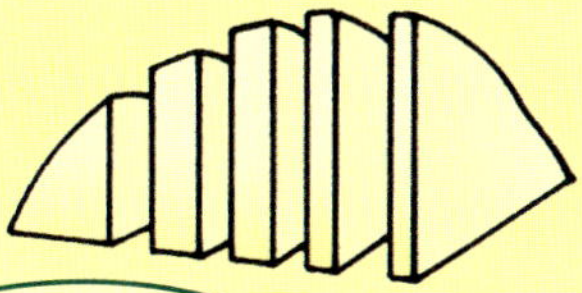

4

そのままだとすぐに黒ずんでくるので、5分ほど水につけてアクを抜《ぬ》き、水けをきる。

完成！ 水で5分アク抜き

目標レベルを見て今回のレベルをチェックしましょう。

岸朝子のいちょう切りを使ったオススメ健康食レシピ

ポテトシャンティー

1人分のエネルギー…　254キロカロリー
調理時間の目安……35分

生クリーム、牛乳の量を少なくしてカロリーを減らしてもおいしいサイドメニュー。

●材料（4人分）

じゃがいも　4個
塩　少々
生クリーム　大さじ3
牛乳　大さじ3
とろけるチーズ　適宜《てきぎ》
パン粉　少々
バター　大さじ2

1　じゃがいもは皮をむいて5mmほどの幅のいちょう切りにする。切ってすぐゆでる場合は水にさらさなくてもよい。

2　鍋《なべ》に**1**と、かぶるくらいの水を入れ、塩を加えてゆでる。じゃがいもにすっと竹ぐしが通り、全体の形がくずれない程度まで。

第6日

●切る

大根のたんざく切り

難易度★

前頭前野の活性度★★★

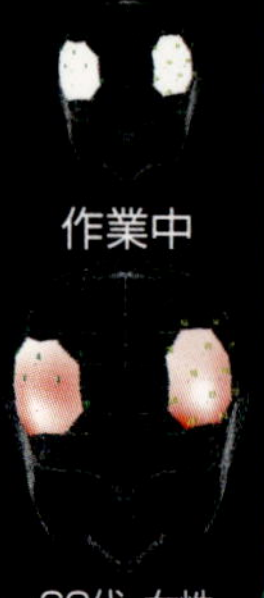
安静時
作業中
60代・女性

同じ厚さに

長方形に薄く切る切り方。厚さをそろえて切ると仕上がりが美しい。また、火の通りが均一になる、同じ歯ごたえや食感になるなど「おいしさ」にも関わってくる。

今日の料理ドリル

終わったら、巻末の記録用紙に記入しましょう。

たんざく切りの目標レベル

同じ厚さになるよう、はじめはゆっくり、ていねいに。薄さと均一さがポイント。

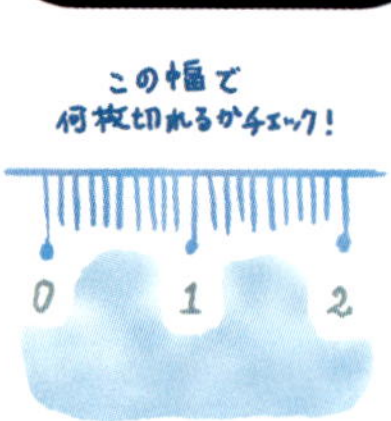
この幅で
何枚切れるかチェック!
0
1
2

金メダル	2cmの幅で10枚以上切れた（1枚＝2mm厚）。
銀メダル	均一の厚さだが2cmの幅で10枚未満。
銅メダル	厚さは不ぞろいだが、たんざくの形に切れた。

●用意するもの

包丁、まな板、大根

1 大根は4～5cm長さに切って洗い、包丁でやや厚めにぐるりと皮をむく。

4～5cm長さに

2 大根をまな板に立て、端《はし》から1cm厚さに切る。

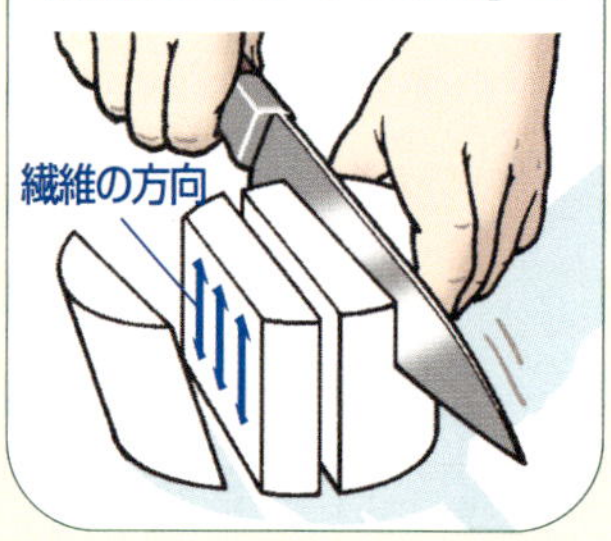
繊維《せんい》にそって1cm厚さ
繊維の方向

＊大根を塩もみすることで仕上がりが水っぽくなるのを防ぐ。

3 マヨネーズを加えてあえる。

4 器に盛り、食べやすい大きさに切ったかいわれ大根をのせてできあがり。

今日のテクニックポイント

同じ厚さに

3

切った面を寝かせておき、繊維にそって端から1～2mm厚さのたんざく形に切る。

コツその1

同じ厚さに切るのがきれいに仕上げるポイント。

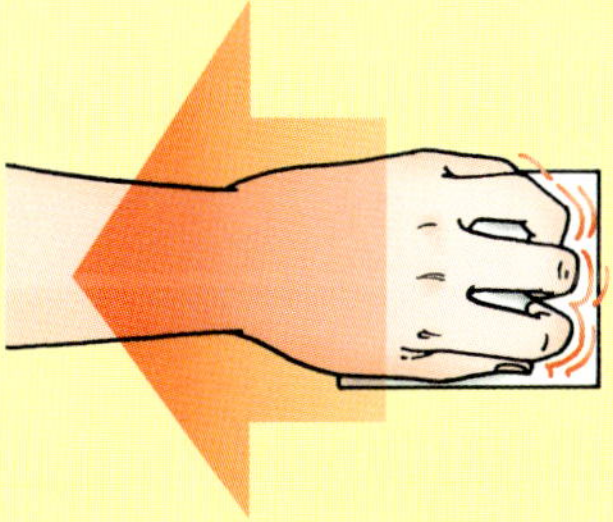

コツその2

おさえている手を等間隔《とうかんかく》にずらしながら、ゆっくりとていねいに切る。

ほかの素材で

にんじんのたんざく切りもやり方は大根と同じ。みそ汁や紅白なますなど、大根と合わせて料理に使う場合は、大きさをそろえて切ると仕上がりが美しい。

目標レベルを見て今回のレベルをチェックしましょう。

岸朝子の たんざく切りを使った オススメ健康食レシピ

大根とほたてのサラダ

1人分のエネルギー… 115キロカロリー
調理時間の目安…… 10分

歯ごたえを楽しむために、大根は少し厚めのたんざく切りに。

●材料（4人分）

大根　1/4本(300g)
塩　少々
ほたて水煮缶《みずにかん》　1缶（貝柱と汁《しる》を分けておく）
かいわれ大根　適宜《てきぎ》
A
- 塩小さじ　1/3
- こしょう　少々
- 砂糖　小さじ1/2
- 酢　大さじ1
- ほたて水煮缶の汁　大さじ2
- サラダ油　大さじ2

マヨネーズ　大さじ1

1 大根はたんざく切りにして塩をふり、よくもんでしんなりとさせる*。さっと水洗いをし、水けをしぼる。

2 ボウルに大根と汁けをきった貝柱を入れて混ぜる。Aを混ぜ合わせて作ったフレンチドレッシングを加えてあえる。

第7日 かぼちゃの面取り

難易度 ★★

前頭前野の活性度 ★

安静時

作業中

30代・女性

●飾り切り

角《かど》をそぎ落とす

角《かく》張《ば》った材料を煮《に》ると角から煮くずれるので、これを防ぐために切り口の角をけずり取る。

面取りの目標レベル

角をそぎ落とすだけのシンプルなテクニックだが、プロの料理人であれば、煮物の下ごしらえの際に必ずやる技術。けずり忘れや雑な部分がないか、しっかりチェック。

金メダル	すべての角が一定の幅でけずれている。
銀メダル	けずり忘れがあるが、幅は一定になっている。
銅メダル	けずり忘れはないが、幅が一定ではない。

今日の料理ドリル

終わったら、巻末の記録用紙に記入しましょう。

●用意するもの

包丁、まな板、かぼちゃ

1

かぼちゃは切って（→左ページのかぼちゃの切り方）、種とワタを除き、3～4cm幅のくし形に切る。

3～4cm幅のくし形

2

一口大に切り分ける。

食べやすい大きさに

3

かたい部分は、緑色の皮をところどころむく。手に持たず、まな板の上でけずりとるほうが安全。

まな板の上で

---

*竹ぐしがすっと通ればよい。

アルミホイルを使うときは、まん中に穴をあける。

3　強めの中火にし、落としぶた（→P.90）をして5～6分煮る。

4　しょうゆを加え弱火にし、かぼちゃが柔《やわ》らかくなるまで*煮ればできあがり。

今日のテクニックポイント

角をそぎ落とす

4

切り口の角をそぎ落とす。

かぼちゃの切り方

皮がかたいかぼちゃを包丁で切るにはかなりの力が必要で慣れないと危険。そこで、かぼちゃの大きさにより２～５分ほど電子レンジにかけてから切ると、包丁がスッと入り切りやすくなる。
まるごとのかぼちゃを切るには、まずヘタの脇《わき》に包丁の刃先を入れ、包丁を持っていないほうの手で包丁の峰《みね》をおさえる。体重をかけながら包丁をまっすぐにおろし、下まで切る。かぼちゃを反対に向けて同じように切り、半分にする。

コツその1
角に包丁の刃をあてて一定の角度に薄くそぐ。

コツその2
すべての角をていねいに同じ幅でそぎ落とす。

目標レベルを見て今回のレベルをチェックしましょう。

岸朝子の 面取りを使ったオススメ健康食レシピ

かぼちゃの煮物《にもの》

１人分のエネルギー…116キロカロリー
調理時間の目安……20分

ほくほくとしたかぼちゃの煮物は懐《なつ》かしいおふくろの味。きちんと面取りをすれば煮くずれず美しい仕上がりに。

●材料（4人分）
かぼちゃ　1/4個（400～500g）
砂糖　大さじ3
みりん　大さじ1
塩　少々
しょうゆ　小さじ2

1　かぼちゃは一口大に切り、面取りして、かぶるくらいの水（分量外）を加えて強火にかける。

2　鍋《なべ》が煮立ってかぼちゃが透《す》き通ってきたら水を半分捨て、砂糖、みりん、塩を加える。

●炒める

第8日 玉ねぎを炒《いた》める

難易度 ★

前頭前野の活性度 ★★

全体をよく混ぜながら炒める

ムラなく均一に火を通すには、手首を返すようにしながら全体を木べらでよく混ぜる。

炒め玉ねぎの 目標レベル

時間のかかる作業だが、根気強く。手首を使って全体を混ぜながらムラなく炒める。ムラなく火を通すには、玉ねぎの切り方もポイント。均一に薄く切っておくことが大切。

金メダル	ムラなくあめ色になりとろりとした仕上がり。
銀メダル	あめ色だがところどころに焦げ目がある。
銅メダル	全体的に色のムラがある。

今日の料理ドリル

終わったら、巻末の記録用紙に記入しましょう。

●用意するもの

バター、包丁、まな板、フライパン、木べら、玉ねぎ

1

上下を落とし皮をむく

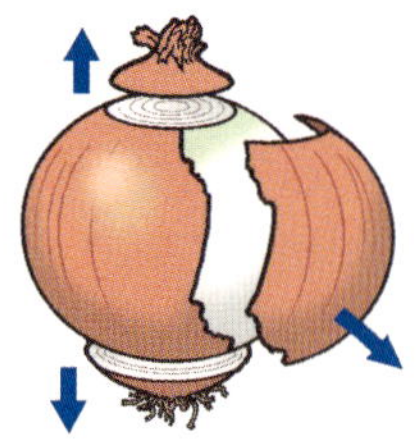

玉ねぎは上下を少し切り落とし、茶色い皮をむく。むきにくいときは、皮ごと水につけてしばらくおいてから。

2

スジにそって薄く切る

縦《たて》半分に切り、繊《せん》維《い》（スジ）にそって端《はし》から薄く切る。

3

焦《こ》がさないように

フライパンにバター（玉ねぎ1個に対してバター大さじ2）を入れて中火にかけ、バターが溶《と》け始めたら玉ねぎを加え、木べらで底から返すように上下を混ぜる。

炒め玉ねぎの3ステップ

時間のかかる炒め玉ねぎだが、ハンバーグなどに加えると甘みとコクがプラスされ、いつもよりワンランク上の仕上がりになる。料理に合わせて炒め具合を変えてみよう。

（1）オムレツの具に加えるなど、玉ねぎのシャキシャキした歯ごたえを活かしたい場合は、透《す》き通ってしんなりするぐらいまで炒める。

（2）ハンバーグに加えるならきつね色になるまで炒めて甘みを引き出す。

（3）オニオングラタンスープには、あめ色になるまでじっくり炒めると深いコクとうまみが加わる。

岸朝子の炒め玉ねぎを使ったオススメ健康食レシピ

トマト風味のビーフストロガノフ

1人分のエネルギー…389キロカロリー
調理時間の目安……45分

じっくり炒めた玉ねぎがおいしさの秘密。フライパンより焦げやすい鍋《なべ》もあるので注意！

●材料（4人分）

牛肉（ロース薄切り）　400g
玉ねぎ　小1個
マッシュルーム（生）　1パック（6～8個）
バター　大さじ4
小麦粉　大さじ1強

A
- トマト水《みず》煮《に》缶《かん》（カット）　1缶
- トマトジュース　100cc
- 水　200cc
- 固形スープの素　1個

塩、こしょう　各少々

1　牛肉は食べやすい大きさに切り、軽く塩、こしょうをふる。玉ねぎは端から薄く切り、マッシュルームは3mm幅に切る。

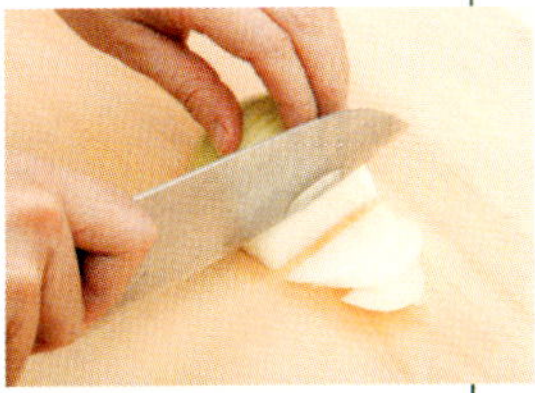

2　鍋にバター大さじ2を入れて中火にかける。バターが溶けてきたら、牛肉を入れて炒める。肉の色が変わったら、いったん皿に取り出す。

3　同じ鍋に残りのバター大さじ2と玉ねぎを入れてよく炒める。きつね色になったら、小麦粉を加えて2～3分炒める。

4　肉を鍋に戻し入れ、マッシュルームも加えて炒める。Aを加え、弱火で約20分煮込む。塩、こしょうで味をととのえてできあがり。

今日のテクニックポイント

全体をよく混ぜながら炒める

4

しんなりとしてきたら弱火に。焦げ色が付きはじめたら、その部分を全体になじませるようにして炒める。好みの加減まで炒めて火を止める。

コツその1

焦げ付かせず均一に火が通るように、絶えず手を動かす。

コツその2

手首を使って木べらを動かし、フライパンのフチにくっついた玉ねぎもこそげながら。

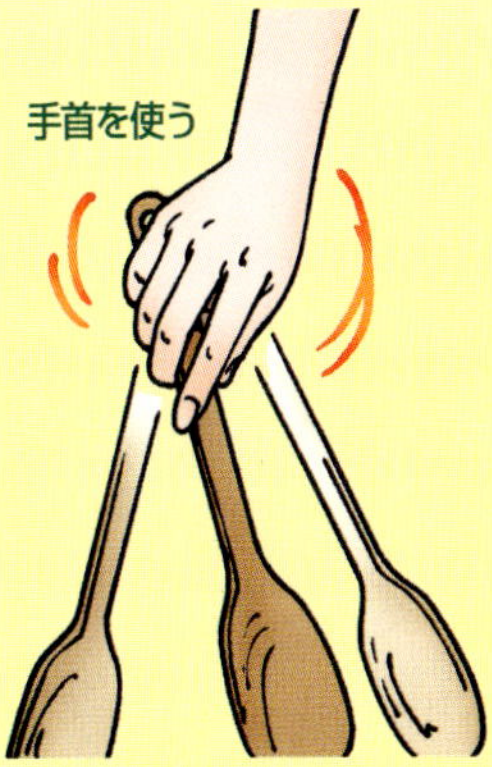

目標レベルを見て今回のレベルをチェックしましょう。

第9日

難易度★★

キャベツのせん切り

前頭前野の活性度★★★

安静時
作業中
50代・女性

●切る

等《とう》間《かん》隔《かく》に細く

薄い材料を細く、幅をそろえて切る。キャベツの場合、葉を二〜三枚重ねて巻いてから切る。

せん切りの目標レベル

均一の幅で細く、を目指す。慣れないうちは不ぞろいでも、つながっていなければOK。

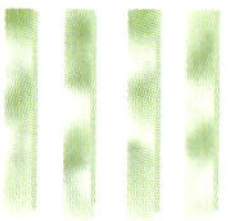
この幅が2mmです
(実物大)

- 金メダル　2mm以下の幅できれいにそろっている。
- 銀メダル　均一の幅に切れている。
- 銅メダル　つながらずに切れている。

今日の料理ドリル

終わったら、巻末の記録用紙に記入しましょう。

●用意するもの

包丁、まな板、キャベツ、ボウル、氷水、ざる

1 キャベツは芯《しん》のまわりに包丁で切り込みを入れ、外がわから1枚ずつていねいに葉をはがして洗い、水けをきる。

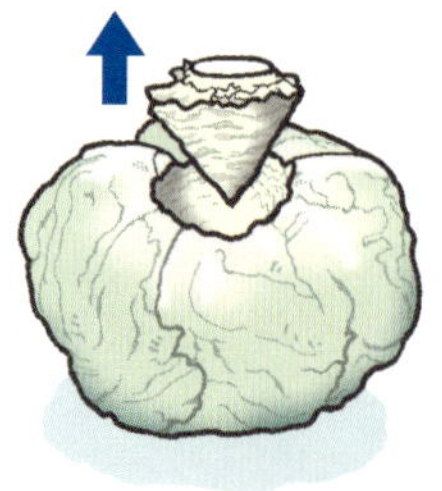
ぐるりと切り込みを

2 白くてかたい芯の部分は両がわに包丁を入れ、三角形に切り取る。切り取った部分は、ほかの料理にも使える。

かたい芯は除く

3 葉を2〜3枚重ねてクルクルと丸める。小さい葉は中に、大きい葉を外にして巻くとよい。

しっかりキュッと巻く

ほかの素材で

大根、にんじん、ごぼうなど細長い野菜をせん切りにするには、5〜6cm長さに切ったものを繊維《せんい》にそって縦《たて》に薄く切り、何枚か重ねて端《はし》から細く切る。

岸朝子のせん切りを使ったオススメ健康食レシピ

あっさりコールスローサラダ

1人分のエネルギー… 65キロカロリー
調理時間の目安…… 15分

マヨネーズを加えずあっさりと。ドレッシングがしみ込みやすいよう、キャベツは繊維に直角にせん切りに。

●材料（4人分）

キャベツの葉　4枚	A
にんじん　1/4本	酢　大さじ1
きゅうり　1本	砂糖　小さじ2
玉ねぎ　1/2個	塩、こしょう　各少々
トマト、サラダ菜（飾り用）	サラダ油　大さじ1
塩　小さじ1	

1　キャベツ、にんじん、きゅうりはせん切り。玉ねぎは薄く切る。

2　ポリ袋に**1**の野菜と塩を入れ、全体がしんなりするまでよくもむ。

3　Aを合わせてドレッシングを作る。まず酢に砂糖、塩、こしょうを加えて混ぜ、さらにサラダ油を加えよく混ぜる。

4　野菜をボウルに入れ、**3**を加えてよく混ぜ合わせる。食べる直前まで、冷蔵庫で冷やす。

今日のテクニックポイント

等間隔に細く

4

手は軽くふくらませ、しっかりとキャベツを上からおさえる。手を徐々にずらしながら、できるだけ等間隔に切り進む。

コツその1

できるだけ等間隔に細く切る。

コツその2

手でしっかりおさえてキャベツのかさを低くする。

目標レベルを見て今回のレベルをチェックしましょう。

5

氷水にさらしてパリッとさせ、ざるにあげて水けをきる。

完成! パリッとさせる

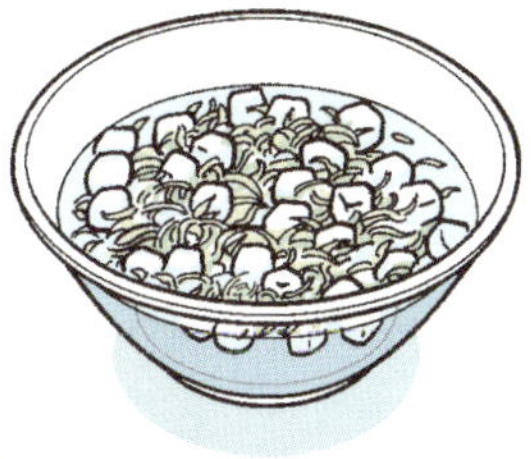

●切る

第10日

ごぼうのささがき

難易度★★

同じ大きさに

前頭前野の活性度★★

安静時
作業中
30代・女性

ナイフで鉛《えん》筆《ぴつ》をけずるように、ごぼうを薄く、細くそぎ落とす。小《こ》笹《ざさ》の葉のような形になることから、「ささがき」という。

ささがきの目標レベル

大きさがバラバラになっていないか、太さはどうか、形はどうかなどをチェック。美しい仕上がりにするには、常に同じ力加減でけずれるかがポイント。

- 金メダル　細く大きさがそろったささの葉形。
- 銀メダル　太めのほぼ均一なささの葉形。
- 銅メダル　けずることはできるが太さ、大きさがバラバラ。

今日の料理ドリル

終わったら、巻末の記録用紙に記入しましょう。

●用意するもの

たわし、包丁、まな板、ボウル、ざる、ごぼう

1 ごぼうはたわしを使ってこすり洗いをする。料理を白く仕上げたい場合は、包丁の背で皮をこそげ落とす。

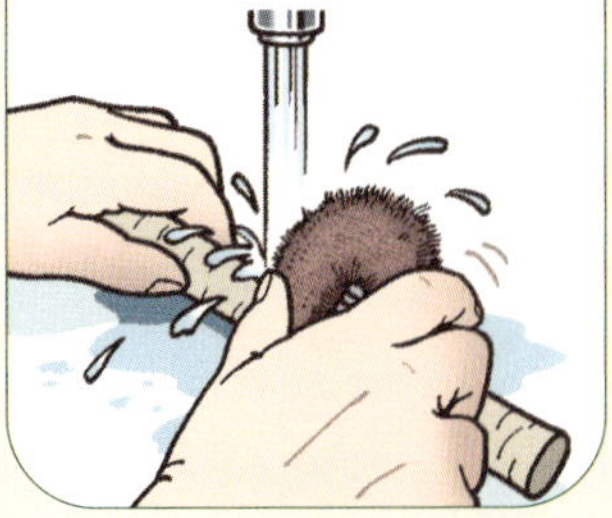
たわしでよく洗う

2 ささがきの幅をそろえるために、包丁の刃先で、縦《たて》に浅く等《とう》間《かん》隔《かく》の切り込みを入れる。深く入れすぎると、先が広がって切りにくい。

切り込みは浅く

3 肉の色がほぼ変わったらアクを取り、溶《と》きほぐした卵を回し入れ、再びフタをして弱火に。

4 卵が半熟《はんじゅく》になったらミツバを散らしてできあがり。

今日のテクニックポイント

同じ大きさに

3

鉛筆をけずる要領で、ごぼうを回しながら、すべての面をまんべんなく、スッスッと薄くけずる。難しいときは、ごぼうの先端《せんたん》部分をまな板の上においてけずるとやりやすい。途中で切り込みがなくなったら、もう一度入れて大きさをそろえる。

コツその1

包丁を寝かせてスッスッと斜《なな》めに薄くそぐように。

コツその2

ナイフで鉛筆をけずる要領で、ごぼうを回しながら。

4

水に数分つけてアクを抜《ぬ》く。アクが抜けたらざるにあげ、水気をきる。

完成！ 水につけてアク抜き

目標レベルを見て
今回のレベルをチェック
しましょう。

岸朝子の ささがきを使ったオススメ健康食レシピ

ごぼうと牛肉の柳川《やながわ》風

1人分のエネルギー…254キロカロリー
調理時間の目安……15分

食物繊維《しょくもつせんい》が豊富なごぼうを牛肉といっしょに卵でとじて、柳川風の煮物《にもの》に。

●材料（4人分）

ごぼう　1本
牛肉（ロース薄切り）　200g
ミツバ　1/2束
A
- だし汁　2カップ
- 砂糖　大さじ1
- 酒　大さじ2
- しょうゆ　大さじ3
- みりん　大さじ1

卵　4個

1 ごぼうはささがきにし、水につけてざるにあげる。牛肉、ミツバはそれぞれ食べやすい大きさに切る。

写真は2人分

2 鍋《なべ》にAを入れて煮立て、ごぼうを入れてフタをし、中火で2～3分煮たら牛肉を入れる。

●切る

第11日 しらがねぎ

難易度 ★★

前頭前野の活性度 ★★★

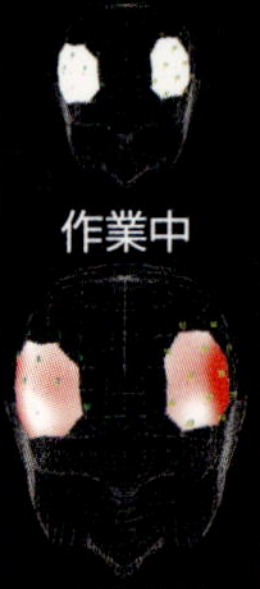
安静時
作業中
50代・女性

超《ちょう》極《ごく》細《ぼそ》のせん切り

長ねぎを細く白い糸のように仕上げる。芯《しん》を除いて白い部分だけを極細のせん切りに。

今日の料理ドリル

終わったら、巻末の記録用紙に記入しましょう。

●用意するもの

包丁、まな板、ボウル、ざる、氷水、長ねぎ

1 ねぎは4～5cm長さに切る。

練習用なら短めに

2 縦《たて》に切り込みを入れて開き、芯の部分を取り除く。芯は薬味《やくみ》などほかの料理に使う。

芯を取り除く

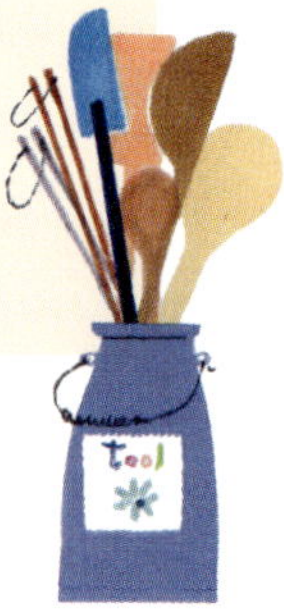
tool

3 焼き豚は3mmほどの厚さに切る。Aは混ぜ合わせておく。

4 **2**、**3**を器に盛り、**1**をのせる。Aを添《そ》え、食べる直前にかける。

しらがねぎの目標レベル

細く切れば切るほど、水にさらしたあとのパリッとした感じが活きて、美しい仕上がりに。文字通り、「しらが（白髪）」のように細く、均一な仕上がりを目指す。

金メダル	細く、均一の幅に切れた。
銀メダル	細いが、幅が均一ではない。
銅メダル	幅が均一ではなく、つながっている部分もある。

今日のテクニックポイント

超極細のせん切り

3
内がわを下に向け、平らに開いてまな板の上におく。端《はし》からごく細く、1 mmほどの幅に切る。

コツその1
丸まったままでは切りにくいので、手でしっかり平らになるようおさえる。

コツその2
よく切れる包丁を使って端からごく細く均等の幅に切ること。

4
氷水にさらしたあと、ざるにあげ水けをきる。さらしすぎると味がなくなってしまうので、5～10分が目安。

完成! さらしすぎない

目標レベルを見て今回のレベルをチェックしましょう。

岸朝子の しらがねぎを使った**オススメ健康食レシピ**

しらがねぎの中華風前菜

1人分のエネルギー… 65キロカロリー
調理時間の目安…… 10分

切って盛りつけるだけ。かんたんにできる中華風前菜は酒のつまみにおすすめ。

●材料（4人分）
長ねぎ　1/2本
ザーサイ　50g
焼き豚（市販のもの）　100g
A［しょうゆ　小さじ1
　 ごま油　小さじ1
　 ラー油　少々

1 長ねぎはしらがねぎにし、氷水にさらしてパリッとさせ、水けをきる。

2 ザーサイは水にひたして塩抜《ぬ》きをし、端から薄く切る。

●切る

第12日

にんじんのさいの目切り

難易度★

大きさをそろえて立方体に

厚みも幅も均一にそろえて、立方体のさいころ状に切る。

前頭前野の活性度★★★

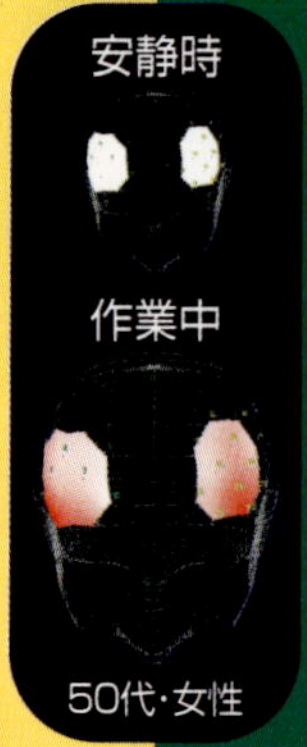

安静時
作業中
50代・女性

今日の料理ドリル

終わったら、巻末の記録用紙に記入しましょう。

●用意するもの

包丁、まな板、にんじん

1

にんじんは水で洗い、ごく薄く皮をむく。包丁では薄くむけない場合はピーラーを使ってもよい。

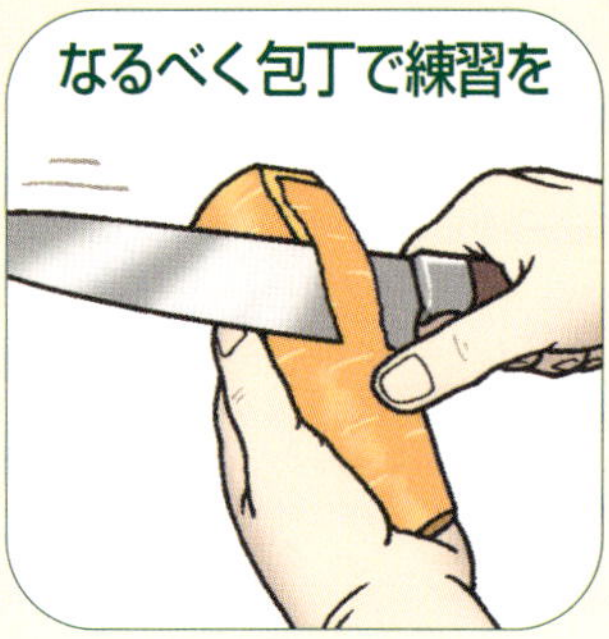

なるべく包丁で練習を

2

4～5cm長さに切ったら、まな板の上に立てておき、1cm厚さに切る。

厚みは一定に

3

切った面を下にしておき、端《はし》から1cm幅に切って、細長い棒《ぼう》状に切りそろえる。

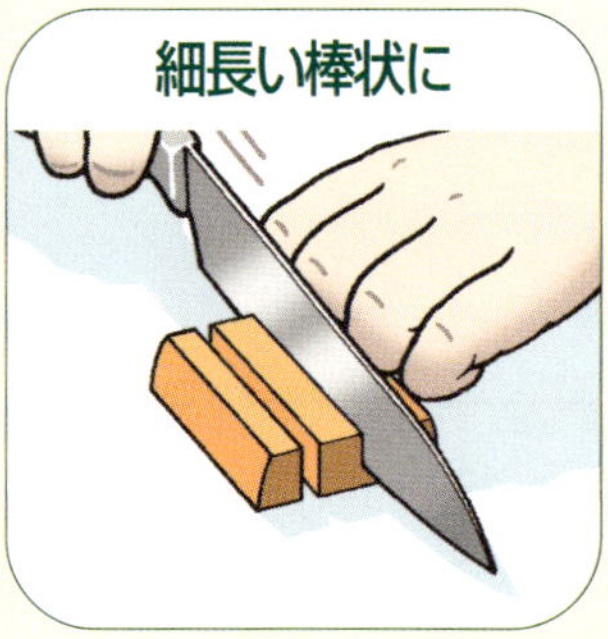

細長い棒状に

にんじんの旬《しゅん》

旬《しゅん》とはその素材が最もおいしい時期のこと。通年スーパーなどの店頭に並びあまり季節感が感じられないにんじんだが、夏に種をまき、秋から冬にかけて収穫したものが特においしいとされる。

さいの目切りの目標レベル

大きさがそろっているか、形がきっちり立方体になっているかをチェック。

これが1cm角です
(実物大)

金メダル	1cm角で均一の立方体に切れた。
銀メダル	形は均一だが、大きさが不ぞろい。
銅メダル	全体に、大きさと形が不ぞろい。

岸朝子のさいの目切りを使ったオススメ健康食レシピ

ミネストローネスープ

1人分のエネルギー…177キロカロリー
調理時間の目安……40分

イタリアの家庭の味、具だくさんのあたたかいスープ。

●材料（4人分）

A にんじん　1/2本	にんにく　1かけ
じゃがいも　1個	オリーブオイル　大さじ1
たまねぎ　1個	B 水　5カップ
セロリ　1/2本	固形スープの素　1個
キャベツ　1/4個	トマト水《みず》煮《に》缶《かん》（カット）1缶
ベーコン　50g	塩、こしょう　各少々

1　Aの野菜はすべて1cm角に切る。ベーコンは1cm幅に切る。

2　にんにくは皮をむき、端から薄く切る。

3　鍋《なべ》にオリーブオイルを熱し、にんにくとベーコンを炒《いた》め、香りが出たら**1**を加えて、全体に油が回るまで炒める。

4　Bを加えて弱火で20〜30分煮込み、塩、こしょうで味をととのえる。

今日のテクニックポイント

大きさをそろえて立方体に

4

数本まとめて横向きにおき、端から1cm幅に切る。

コツその1

さいころのようなきれいな立方体になるよう、大きさをそろえて切る。

コツその2

おさえた手を等《とう》間《かん》隔《かく》にずらしながらゆっくりていねいに。

目標レベルを見て今回のレベルをチェックしましょう。

●炒める

第13日

難易度 ★★

中華鍋で炒《いた》める

―野菜炒めを作る

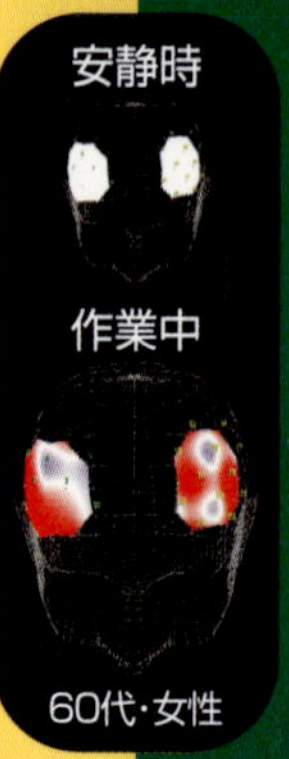
安静時
作業中
60代・女性

前頭前野の活性度 ★★★

強火で一気にシャキシャキ仕上げ

野菜の歯ざわりと風味を楽しむ定番料理。火の通りにくいものから順番に炒める。

野菜炒めの目標レベル

炒めた野菜の状態をチェック。シャキシャキ感がどれだけ出せるかが野菜炒めのポイント。できあがりが水っぽくなってしまったら、次回は「強火で少量」を心がけて。手早さも大切な要素。

- 金メダル　歯ごたえシャキシャキの仕上がり。
- 銀メダル　やや野菜がしんなりしているが色は鮮《あざ》やか。
- 銅メダル　野菜から水分がでて水っぽい。

今日の料理ドリル

終わったら、巻末の記録用紙に記入しましょう。

●1人分のエネルギー…225キロカロリー
●調理時間の目安………15分
●用意するもの
包丁、まな板、中華鍋《ちゅうかなべ》、さいばし

●材料（2人分）
豚肉（コマ切れ）　100g
A　塩、こしょう　各少々
　　酒　小さじ1
　　しょうゆ　小さじ1
にんじん　1/4本
玉ねぎ　1/4個
キャベツ　3枚
ピーマン　1個
ごま油　大さじ1
塩、こしょう　各少々

1
豚肉はスジにそって1cm幅に切り、Aの調味料をもみこんで5分ほどおき下味《したあじ》をつける。

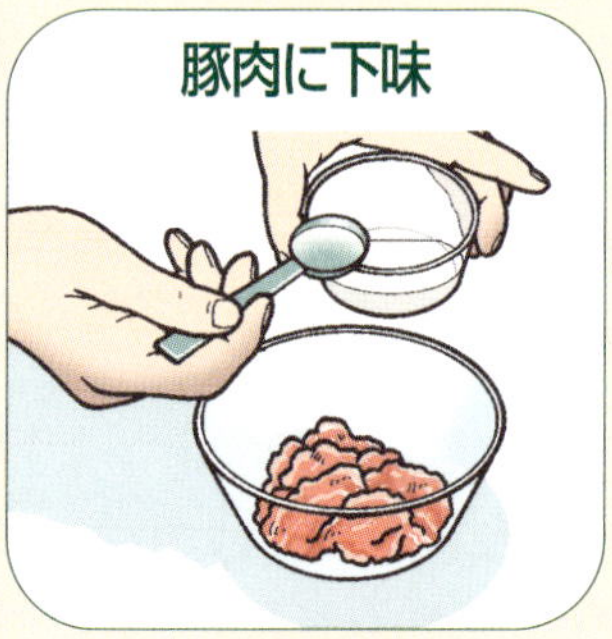
豚肉に下味

2
にんじんは皮をむき、縦《たて》5mm幅に切り、端《はし》から細く切る。

にんじんは5mm幅

3
玉ねぎは茶色い皮をむき、端から1cm幅に切る。

玉ねぎは1cm幅

4

キャベツは芯《しん》を三角形に切り取る。葉は5cm長さ、1～2cm幅にザクザクと切る。芯は斜《なな》めに薄く切る。

キャベツはザクザクと

5

ピーマンはツルツルとした表を下にしてまな板の上におき、端から5mm幅に切る。

ピーマンは5mm幅

今日のテクニックポイント

強火で一気にシャキシャキ仕上げ

6

中華鍋を強火にかけ、ごま油を熱し、肉を入れて炒め、肉の色が変わったらいったん皿に取り出す。にんじん、玉ねぎを入れて炒めて、油が回ったらキャベツを入れて炒める。キャベツがしんなりしたらピーマンを加える。途中、水分が出てきたら鍋を傾《かたむ》け、キッチンペーパーなどで吸い取る。

コツその1

火加減は常に強火で！　一度に作る分量は2～3人分まで。

コツその2

野菜は火の通りにくいものから順に少しずつ。手早く入れてフライパンの温度を下げない。

7

肉を戻して炒め合わせ、塩、こしょうで味をととのえ、手早く混ぜ合わせたらすぐに皿に盛りつける。

完成！
手早く盛りつけ

野菜炒めに向く素材、向かない素材

野菜炒めの具には、今回使用したもののほか、もやし、たけのこ、アスパラガス、ブロッコリーなど歯ごたえのいい野菜、にらなど香りのいい野菜、戻した干ししいたけなどうまみが出るものがおすすめ。うど、里芋、オクラなどアクやぬめりの強い野菜や、レタスなどの水分の多い野菜は向かない。

目標レベルを見て今回のレベルをチェックしましょう。

第14日 かぼちゃの裏ごし

難易度★

前頭前野の活性度★★

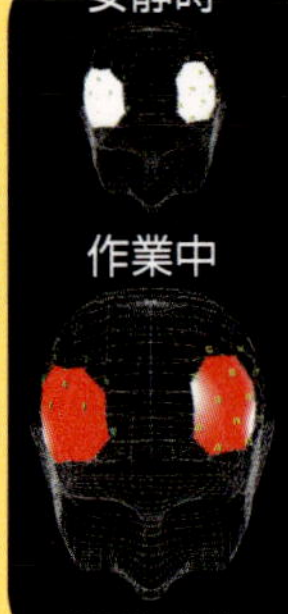
安静時
作業中
30代・女性

熱いうちに手早く

舌ざわりをなめらかにするために、ゆでたかぼちゃを裏ごし器でつぶしてかたいスジなどを除く。

裏ごしの目標レベル

冷めるとかたくなり、粘《ねば》りも出てつぶしにくくなるので、熱いうちに手早く作業すること。ちょっと手間はかかるが、裏ごしをするとしないとでは、仕上がりに大きな違いが出る。

- 金メダル　熱いうちに、手早く作業できた。
- 銀メダル　途中で冷めたが、最後まで作業できた。
- 銅メダル　途中で冷めて、かたまりが残ってしまった。

今日の料理ドリル

終わったら、巻末の記録用紙に記入しましょう。

●用意するもの

包丁、まな板、耐《たい》熱《ねつ》容《よう》器《き》、ラップ、裏ごし器、木べら、皿（受け皿用）、かぼちゃ

1

かぼちゃは一口大に切る（→P.21かぼちゃの切り方）。

くし形を一口大に

2

耐熱容器に重ならないように並べ入れ、水を少々ふりかける。

水をふってラップ

3

ラップをして電子レンジで約８分、竹ぐしがすっと通るくらいまで加熱し、熱いうちに緑の皮を取り除く。

熱いうちに皮を除く

こんなアレンジも

裏ごししたかぼちゃに牛乳、水、固形スープの素、塩、こしょうを加えればパンプキンスープのできあがり。中身をスプーンなどでくり抜《ぬ》いたかぼちゃの器によそえば、パーティーにもぴったり。

岸朝子の裏ごしを使ったオススメ健康食レシピ

パンプキンパイ

1人分のエネルギー… 215キロカロリー（1/8切れ）
調理時間の目安……40分

ベータカロテンたっぷりのかぼちゃを、さくさくのパイでどうぞ。

●材料(直径18cmのパイ皿1個分)

冷凍《れいとう》パイシート　1枚
かぼちゃ　1/4個(400～500g)
A ｛グラニュー糖　50g
生クリーム　100cc
バター　大さじ2
塩　少々
飾り用生クリーム　適宜《てきぎ》

1 パイシートは解凍してめん棒《ぼう》で薄く伸ばし、型の大きさに合わせる。型からはみ出した部分はめん棒で取り除く。

2 裏ごししたかぼちゃを鍋《なべ》に入れ、弱火にかけ、Aを加えて混ぜる。（かぼちゃの甘みにもよるので、グラニュー糖の量は味をみながら加減する）

3 とろりとなめらかになるまでよく練る。

4 型に流し入れ表面を平らにし、200度のオーブンで約25分焼く。焼けたら型から取り出し、切り分けて、泡立てた生クリームを添《そ》える。

今日のテクニックポイント

熱いうちに手早く

4

熱いうちに裏ごしをする。裏ごし器は網目《あみめ》が斜《なな》めになるようにおき、下には受け皿をおく。かぼちゃを少量ずつのせ、木べらを押しつけながら手前に引くように。網目を通らないかたいスジなどは取り除く。

コツその1

冷めるとかたくなるので熱いうちに手早く。冷めてしまったらもう一度電子レンジで温めるとよい。

コツその2

下に押すだけでなく手前に引きながら。

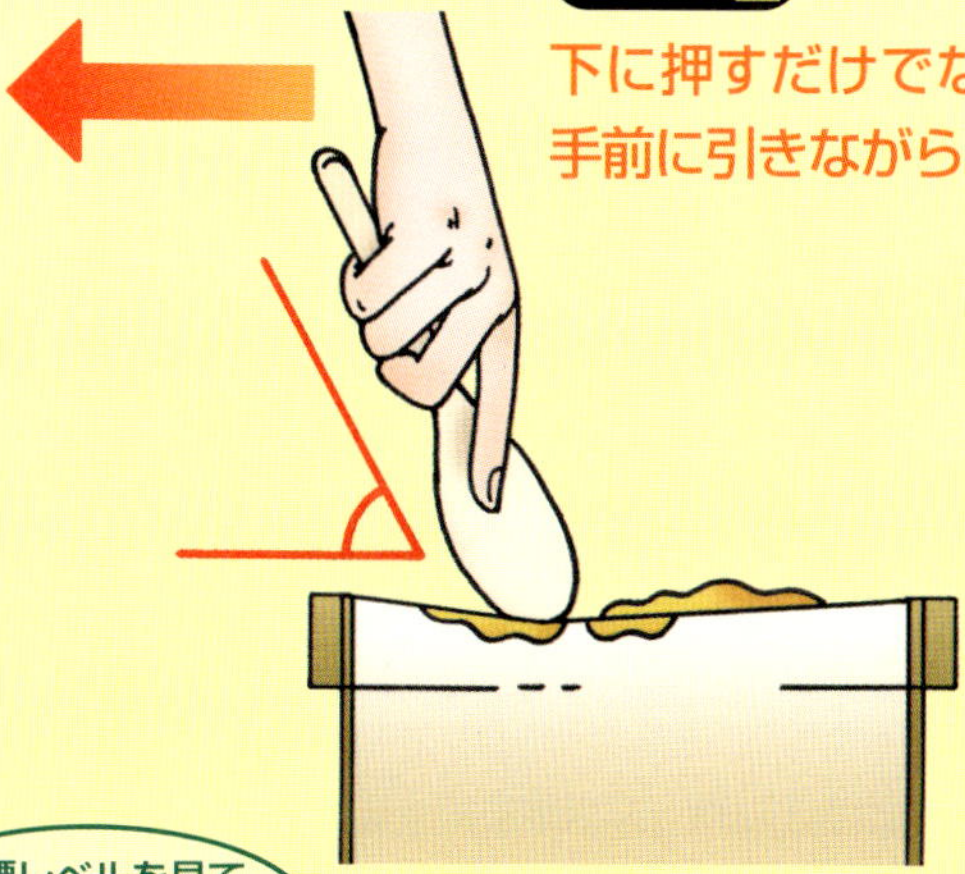

目標レベルを見て
今回のレベルをチェック
しましょう。

第15日

難易度 ★

前頭前野の活性度 ★★

熱湯にくぐらせる

冷しゃぶを作る

ムラなく均一に火を通す

豚肉のくさみを消すために酒を加えた熱湯で一枚ずつ泳がせるようにして火を通す。

冷しゃぶの目標レベル

手軽さがうれしい料理だが、しっとりとした仕上がりを目指すには、1枚ずつていねいに熱湯にくぐらせることが大切。加熱のしすぎもパサつきの原因になるので食感をチェック。

金メダル	均一に火が入り、しっとりした食感。
銀メダル	パサついたところとやわらかいところがある。
銅メダル	肉がややかたくパサついている。

今日の料理ドリル

終わったら、巻末の記録用紙に記入しましょう。

●用意するもの

鍋《なべ》、さいばし、ボウル、氷水、豚肉（しゃぶしゃぶ用ロース）300g、酒　少々

1

鍋にたっぷりの湯をわかし、酒少々を加える。

今日のテクニックポイント

ムラなく均一に火を通す

2

しゃぶしゃぶ用の豚肉は１枚ずつさいばしでとり、熱湯にくぐらせる。湯の中で泳がせるようにして均一に火を通す。

コツその1

一度にたくさん入れず、１枚ずつ均一に火を通すこと。

コツその2

肉がかたくなるので、火を通しすぎないよう注意。

岸朝子の冷しゃぶを使ったオススメ健康食レシピ

冷しゃぶとせん切り野菜のサラダ

1人分のエネルギー… 305キロカロリー
調理時間の目安…… 15分

サラダに冷しゃぶをのせるだけで、ボリュームたっぷりの豪華《ごうか》なおかずに大変身。

●材料（4人分）

豚肉（しゃぶしゃぶ用ロース） 300g
酒 少々
A 大根 1/4本
　にんじん 1/4本
　きゅうり 1本
　セロリ 1/3本
　みょうが 1個
青じそ 4枚
ごまドレッシング 適宜《てきぎ》
中華ドレッシング 適宜
ポン酢 適宜

1 Aの野菜はすべてせん切り（→第9日）に。豚肉は冷しゃぶにしておく。

2 青じそは重ねてくるくると巻き、端《はし》からごく細く切って水に放し、水けをきる。

3 野菜を混ぜ合わせ、器に盛る。冷しゃぶをのせ、青じそを飾る。

4 ごまドレッシング、中華ドレッシング、ポン酢の3種類のたれを添《そ》え、食べる直前に、好みのたれをかける。

こんなアレンジも

●牛肉のしゃぶしゃぶ：しっかり火を通したほうがいい豚肉と違い、牛肉はやや肉の色に赤みが残っている程度まででＯＫ。

●生わかめのしゃぶしゃぶ：茶色いわかめを湯に入れると、鮮《あざ》やかな緑色に！　目にも楽しいヘルシーしゃぶしゃぶ。

●たこしゃぶ：ごく薄くそぐように切った生のたこを熱湯にくぐらせ、アツアツのうちにポン酢で。

3 肉の色が変わったらすぐに氷水にとり、手早く冷まして、水けをきる。

完成!

手早く冷ます

目標レベルを見て今回のレベルをチェックしましょう。

第16日

●混ぜる

難易度 ★★

加熱しながら混ぜる

ホワイトソースを作る

かき混ぜつづけてなめらかに

バターと小麦粉をよく炒《いた》めたら、冷たい牛乳を一気に加えてよくかき混ぜる。

前頭前野の活性度 ★★★

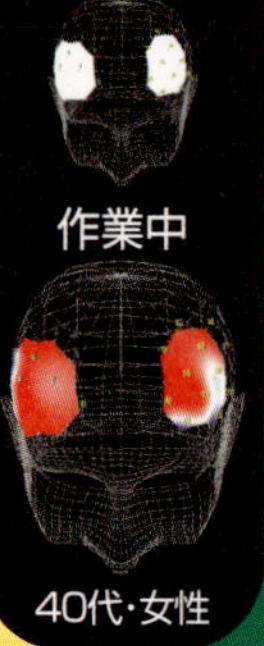

今日の料理ドリル

終わったら、巻末の記録用紙に記入しましょう。

●用意するもの

鍋《なべ》、木べら、泡立て器

●材料（4人分）

バター	50g	牛乳	600cc（3カップ）
小麦粉	50g	塩、こしょう	各少々

1

バターを入れた鍋を弱火にかける。焦《こ》がさないように注意。

2

バターが溶《と》け始めたら小麦粉を加え、木べらでよく混ぜながら炒めめる。粉っぽさがなくなるまで、練るようによく混ぜること。

ホワイトソースの目標レベル

とにかくよく混ぜることがポイント。だまが残っていないか、焦《こ》げていないか、しっかりチェック。なお、濃度をもっと濃くしたいときには小麦粉の分量を増やせばＯＫ。

金メダル	とろ〜り、なめらかな仕上がり。
銀メダル	だまはないが、焦げて色が白くならなかった。
銅メダル	だまがのこっている。

3 グラタン皿に上の手順で作ったホワイトソースの半量をしき、ほうれんそう、えび、ほたてを全体に並べる。

4 上から残りのホワイトソースをかけ、粉チーズをふり、180度のオーブンで15〜20分、表面にしっかり焦げ目がつくまで焼いてできあがり。

今日のテクニックポイント

かき混ぜつづけてなめらかに

3

いったん火を止めて、冷たい牛乳を一気に加え、泡立て器で手早くかき混ぜる。再び火をつけて弱火にし、だまがなくなるまでかき混ぜつづける。塩、こしょうで味をととのえ、とろみが出たら火を止める。

コツその1

焦げつきやすいので、いったん火を止めてから牛乳を加える。

コツその2

鍋を傾《かたむ》けて泡立て器でひたすらよく混ぜ合わせる。

目標レベルを見て今回のレベルをチェックしましょう。

料理に合わせて濃度を変える

ホワイトソースは、クリームコロッケ用にするときは小麦粉を多めにして濃度を濃く（ベシャメルという）、クリームシチューやパスタソースに使うときは小麦粉を少なめにしてゆるめに作る。余ったら粗熱《あらねつ》をとってから冷凍《れいとう》保存を。

岸朝子の ホワイトソースを使った**オススメ健康食レシピ**

えびとほうれんそうのグラタン

1人分のエネルギー… 396キロカロリー
調理時間の目安……30分

鉄分豊富なほうれんそうがたっぷり入ったグラタン。ほうれんそうはゆでて、ヘルシーな仕上がりに。

●材料（4人分）

ほうれんそう　1わ
塩　少々
むきえび　150g
ほたて貝柱　8個
バター　大さじ1
塩、こしょう　各少々
ホワイトソース
（右ページ上の分量）
粉チーズ　適宜《てきぎ》

1 ほうれんそうは塩少々を加えた湯でゆで、水にとり、かたくしぼってから3cm長さに切る。

2 えび、ほたてはバターで炒め、塩、こしょうをふる。

●切る

第17日

玉ねぎのみじん切り

難易度 ★★

前頭前野の活性度 ★★

安静時
作業中
60代・女性

同じ大きさに

材料を細かくきざむ。すべりやすい玉ねぎは手でしっかりおさえ、縦《たて》横に切り目を入れてから同じ大きさにそろえて切る。

みじん切りの 目標レベル

縦横に入れる切り目が多ければ多いほど細かいみじん切りになる。均一の幅であることも大切。

これが3mmの大きさです
（実物大）

金メダル	3 mm以下の均一な大きさに切れた。
銀メダル	3 mmより大きいが均一に切れた。
銅メダル	大きさは不ぞろいだが、細かく切れた。

今日の料理ドリル

終わったら、巻末の記録用紙に記入しましょう。

●用意するもの

包丁、まな板、玉ねぎ

1

玉ねぎはとがった頭の部分を切り落とし、根元は芯《しん》をのこして少し切り落とす。茶色い皮をむき縦半分に切る。

上下と皮を取る

2

切り口を下にしておき、包丁を横にして頭がわから根元の近くまで同じ厚みに2～3カ所切り目を入れる。

包丁を寝かせて

3

90度回転させ根元が奥になるようにおく。根元を切り離さないよう少しのこして、端《はし》から縦に細く切り目を入れる。

根元を少しのこす

ほかの素材で

ピーマンやにんじんをみじん切りにするには、せん切りにしたものをまとめて横向きにおき、端から大きさをそろえて細かく切る。長ねぎは側面に斜《なな》めの切り目をまんべんなく入れて端から細かく切るとよい。

岸朝子の
みじん切りを使ったオススメ健康食レシピ

ドライカレー

1人分のエネルギー…651キロカロリー
調理時間の目安……30分

野菜をすべてみじん切りにしたら、あとは炒《いた》めて煮《に》詰《つ》めるだけ。簡単でも味は本格派。

●材料（4人分）

玉ねぎ　1個
ピーマン　2個
にんにく　1かけ
サラダ油　大さじ2
豚ひき肉　300g
A
カレー粉　大さじ2
ガラムマサラ 小さじ1/2
ターメリック　小さじ1/2
B
水　1カップ
固形スープの素《もと》　1個
トマトケチャップ　大さじ1
ソース　大さじ1
干しぶどう　1/3カップ
塩、こしょう　各少々
ごはん　3合分

1　玉ねぎ、ピーマン、にんにくはみじん切りにする。

2　フライパンにサラダ油をひき、にんにくを入れて炒める。香りが出たら玉ねぎを加え、透《す》き通るまでよく炒める。

3　ピーマンを加えてさっと炒め合わせ、ひき肉を加え、肉の色が変わるまで炒める。

4　Aを加えて炒め、全体に混ざったらBと干しぶどうを加える。汁《しる》けがなくなるまで煮詰め、塩、こしょうで味をととのえたら、ごはんの上に盛りつける。

今日のテクニックポイント

同じ大きさに

4

再び**2**の位置にもどし、切り目が広がらないよう手で玉ねぎをまとめておさえ、端から細かく切る。

コツその1

縦に入れた切り目に対し包丁を直角に入れる。

コツその2

手でしっかり玉ねぎをおさえて、等間隔《とうかんかく》にずらしていく。

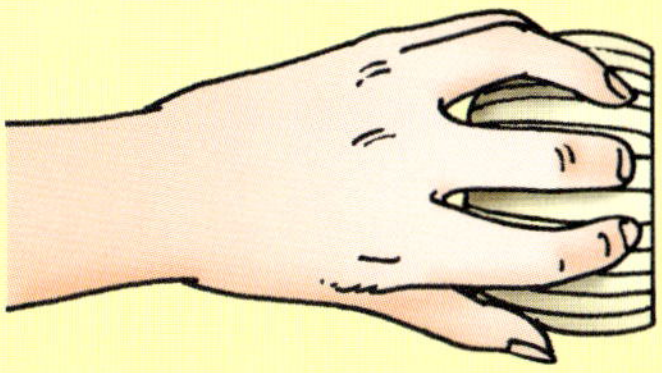

目標レベルを見て今回のレベルをチェックしましょう。

5

さらに細かくしたいときは包丁で縦横にきざむ。刃先はまな板につけたまま包丁を前後に動かす。

第18日

泡立て器で混ぜる

マヨネーズを作る

難易度 ★★

油は少しずつ加えてよく混ぜる

新鮮《しんせん》な卵黄に酢と油を加えて作る手作りマヨネーズ。油はごく少量ずつ加えてよく混ぜる。

前頭前野の活性度 ★★★

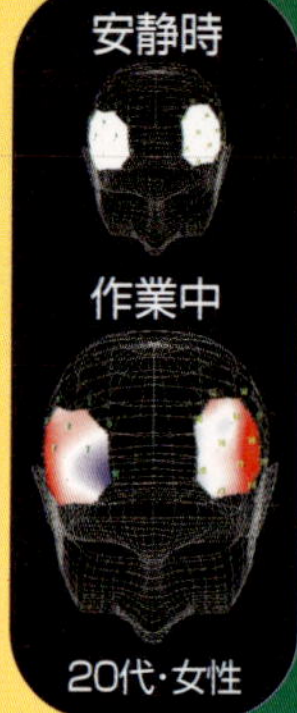

マヨネーズの目標レベル

本来は混ざらない酢と油を、卵黄の働きで乳化《にゅうか》させてできるのがマヨネーズ。混ぜ方が足りないと分離してしまうので注意が必要。仕上がりがなめらかかどうかをチェック。

- 金メダル　ぽってりなめらかな仕上がり。
- 銀メダル　分離せず混ざったが、やや油っぽい。
- 銅メダル　酢と油が分離している。

今日の料理ドリル

終わったら、巻末の記録用紙に記入しましょう。

●用意するもの

ボウル（ガラス製）、泡立て器

●材料（作りやすい量）

卵　2個
酢　大さじ1
塩　小さじ2/3
白こしょう　少々
サラダ油　150cc

1

卵は新鮮なものを用意し、卵黄だけを使う。卵白がのこらないよう、しっかりと卵黄と卵白を分けておく。

2

よくかわいたボウルに、酢、塩、白こしょうを入れ泡立て器でよく混ぜ合わせる。卵黄を加え、全体が完全に混ざり合うまでしっかりと混ぜる。

こんなアレンジも

マスタード、カレー粉、明太子、ハーブなど好みの調味料や具材《ぐざい》を加えて、オリジナルの味つけに。酢のかわりにワインビネガーを使ったり、サラダ油のかわりにオリーブオイルやグレープシードオイルを使って作ると、また違う風味が楽しめる。

岸朝子のマヨネーズを使ったオススメ健康食レシピ

シーフードサラダ

1人分のエネルギー…155キロカロリー
調理時間の目安……15分

フレッシュなできたてマヨネーズの味をそのまま楽しみましょう。

●材料（4人分）

ブロッコリー　1/2個
じゃがいも　1個
スナップエンドウ　1/2パック
えび（殻《から》付き）　8尾
ほたて貝柱　4個
マヨネーズ　大さじ3

1　ブロッコリーは小房に分ける。じゃがいもは皮をむいて（→第5日）くし形に切る。スナップエンドウはスジをとる。それぞれさっと塩ゆでする。

2　えびは殻をむき、つまようじで背ワタを除く。

3　えび、ほたては塩少々を加えた湯でさっとゆでる。

4　器に**1**、**3**を彩《いろど》りよく盛りつけ、マヨネーズを上から回しかけてできあがり。

今日のテクニックポイント

❸ 油は少しずつ加えてよく混ぜる

サラダ油をごく少量ずつ加えながらよく混ぜる。油を加えるときも泡立て器で混ぜるのを止めず、しっかり持ってかき混ぜつづける。卵黄と油がうまく混ざり始めると、ぽってりとし、色も白っぽくなる。

コツその1
油はごく少量ずつ加える。

コツその2
手を止めず、泡立て器でかき混ぜつづける。

❹

全体が白っぽくなってきたら、サラダ油を加える分量を少しずつ増やしながら、さらによく混ぜる。できあがったマヨネーズは冷蔵庫で保存し、できるだけ早く使いきるようにする。

完成！　さらによく混ぜる

目標レベルを見て
今回のレベルをチェック
しましょう。

●炒める

第19日 ごはんを炒《いた》める

—チャーハンを作る

難易度★★★

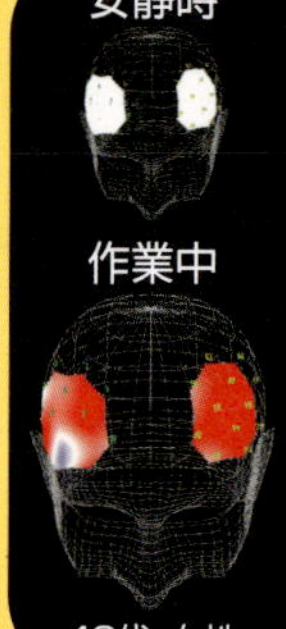

前頭前野の活性度★★★

パラリと仕上げる

あらかじめ卵とごはんを混ぜてから、強火で炒める。

今日の料理ドリル

終わったら、巻末の記録用紙に記入しましょう。

●1人分のエネルギー…691キロカロリー

●調理時間の目安………15分

●用意するもの

包丁、まな板、ボウル、しゃもじ、小鍋《こなべ》、さいばし、中華鍋、木べら

●材料（2人分）

冷やごはん　茶碗《ちゃわん》3杯分

むきえび　6尾（50g）

酒　大さじ1

塩　少々

焼き豚（市販のもの）4枚

長ねぎ　1/4本

卵　2個

塩、こしょう　各少々

サラダ油　大さじ2

しょうゆ　大さじ1/2

1

ごはんは電子レンジで軽く温め、あらかじめしゃもじや手でほぐしておく。

ごはんをほぐす

2

むきえびは小鍋に入れ、酒、塩をふり、フタをして鍋をゆすりながら蒸《む》し煮《に》にする。火が通ったらそのまま冷まし、1cmほどの大きさに切る。

むきえびの下ごしらえ

3

焼き豚は1cm角に切り、長ねぎは小口切り（→第1日）にする。

長ねぎは小口切りに

チャーハンの目標レベル

米ひと粒ひと粒の表面を卵でしっかりコーティングすることで、パラパラの仕上がりに。一度に大量に作るのは失敗のもと。鍋はよく熱しておき、2人分くらいずつ作るようにする。

金メダル	米粒が卵にコーティングされパラパラ状態。
銀メダル	パラパラではないが、ごはんのかたまりがない。
銅メダル	べたついた感じで、ごはんのかたまりがある。

4

ボウルに卵を割り入れ、溶《と》きほぐす。

卵を溶く

5

④に①、②、③と塩、こしょうを加えてよく混ぜる。

溶き卵に具と調味料を

今日のテクニックポイント

パラリと仕上げる

6

中華鍋を強火で十分に熱し、サラダ油を入れる。⑤を入れて平らにならしたら、そのまま約1分焼く。焦《こ》げ目がついたら手早く全体を混ぜる。鍋底から上下を大きく返すようにして、パラパラになるように炒める。

コツその1

一度に作る分量は2人分まで。

コツその2

ごはんを入れたら平らにならし、そのまま1分いじらずにじっとガマン。

7

仕上げに鍋肌《なべはだ》からしょうゆを回し入れ、ひと混ぜする。

完成!
香りづけのしょうゆ
目標レベルを見て
今回のレベルをチェック
しましょう。

こんなアレンジも

●**じゃこをトッピング**：カルシウムたっぷりのじゃこをカリカリに炒めて、あさつきや白ごまもトッピングして和風アレンジに。

●**高菜《たかな》をトッピング**：九州・筑後地方の名産、高菜の漬け物をごま油で炒めてトッピング。ピリッと辛い高菜漬け特有の風味がごま油の香りとよく合う。

●**キムチチャーハン**：具にきざんだキムチを加えて韓国風に。発酵《はっこう》が進んでやや酸味が強くなったキムチも、チャーハンにすればおいしく食べられる。

●切る

第20日

フルーツカット
――パイナップルボートを作る

刃先を使って果肉《かにく》をくり抜《ぬ》く

難易度 ★★

前頭前野の活性度 ★★★

パイナップルの形にそってナイフで切り込みを入れ、果肉を取り外す。

パイナップルボートの目標レベル

果肉がきれいに取り出せたか、仕上がりの状態をチェック。

金メダル　左右の果肉がすんなり取り外せた。

銀メダル　きれいに外せたが皮に果肉がだいぶのこった。

銅メダル　果肉がくずれてしまったが取り外せた。

今日の料理ドリル

終わったら、巻末の記録用紙に記入しましょう。

●用意するもの

はさみ、包丁、ペティナイフ、まな板、パイナップル

1

葉の形をはさみでととのえる。包丁で縦《たて》半分に切り、切り口と反対がわの皮を少し切り取り、座《すわ》りをよくする。

今日のテクニックポイント

刃先を使って果肉をくり抜く

2

ペティナイフの刃先を使って、果肉と皮の間にぐるりと一周切り込みを入れる。

コツその1

葉の根元と底は刃を立てて垂直に。

コツその2

両側面は丸みがあるので包丁を斜《なな》めに傾けて。

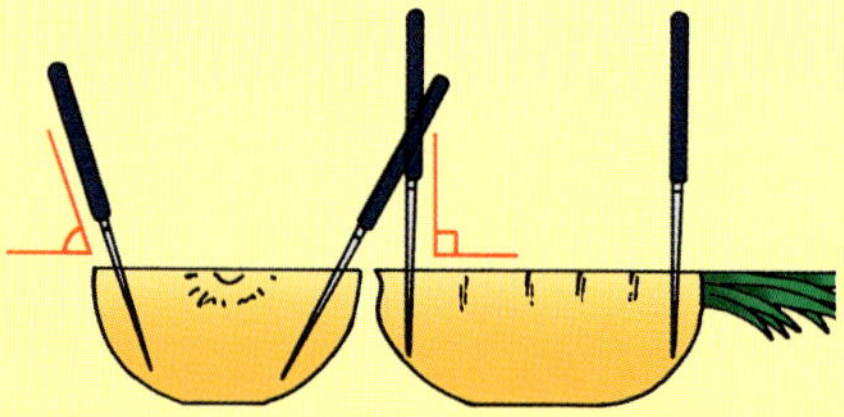

岸朝子のパイナップルボートを使ったオススメ健康食レシピ

カラフル・フルーツボート

1人分のエネルギー…100キロカロリー
調理時間の目安……20分

盛りだくさんのフルーツをパイナップルの器に盛りつけて。食卓《しょくたく》が華《はな》やかになります。

●材料（4人分）

パイナップル　1/2個
イチゴ　3個
オレンジ　1/2個
グレープフルーツ　1/2個
メロン　1/4個

1　パイナップルは右ページの手順で果肉をくり抜く。果肉は一口大に切りボートに戻す。イチゴは縦半分に切る。

2　オレンジはよく洗い、皮つきのまま5mm厚さの輪切りにしてから半分に切る。

3　グレープフルーツは皮をむき、食べやすい大きさのくし形に切る。

4　メロンはくし形に切り、皮と果肉の間に包丁を入れて切り離し、一口大に切る。すべてを彩《いろど》りよくパイナップルの器に盛りつけてできあがり。

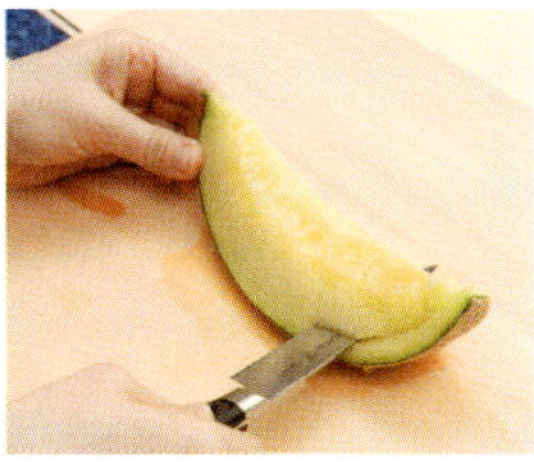

3

芯《しん》の両がわから、V字に深く切り込みを入れ、芯を取り除く。

芯を取り除く

4

内がわからも切り込みを入れ、左右の果肉を取り外す。

完成!
果肉を取り外す

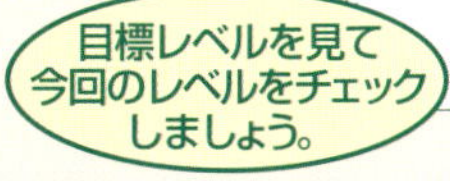
目標レベルを見て
今回のレベルをチェック
しましょう。

やりにくい場合は、縦《たて》横に数本深く切り込みを入れ、果肉を細かくブロックに分けて取り外す。

ブロックにわけても

こんなアレンジも

食べやすくカットした果物を盛りつけるほかに、フルーツポンチの器にしたり、エスニック風のパイナップルチャーハンを作って盛りつけたり、パイナップル入りの酢豚を盛りつけても。

第21日

薄く焼く
―クレープを作る

難易度 ★★★

前頭前野の活性度 ★★★

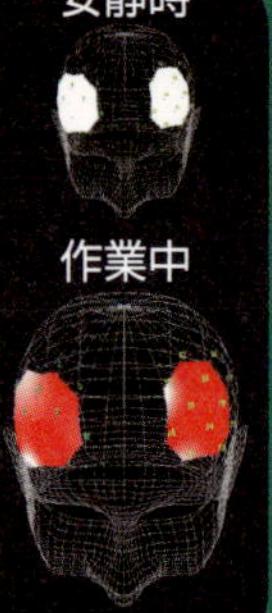

薄く均一の厚さに

手首を回して生地を薄くフライパン全体に広げる。裏返すときは竹ぐしと手を使って。

クレープの目標レベル

フライパン全体にうまく広がらなかった場合は、玉じゃくしで、生地を少しつぎ足せばＯＫ。

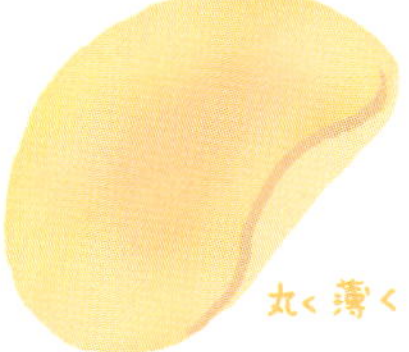

金メダル	丸く薄く均一の厚さに焼けた。
銀メダル	厚くても、均一の厚さに焼けた。
銅メダル	穴があいたり、やぶれてしまった。

今日の料理ドリル

終わったら、巻末の記録用紙に記入しましょう。

●１本分のエネルギー…155キロカロリー
●調理時間の目安………30分（生地をねかせる時間を除く）

●用意するもの
- ボウル
- 泡立て器
- ふるい
- ざる
- ラップ
- フライパン（フッ素樹脂《そじゅし》加工）
- 玉じゃくし
- 竹ぐし
- キッチンペーパー
- 茶こし

●材料（10〜12枚分）
- 卵　２個
- 牛乳　200cc
- 砂糖　ひとつまみ
- 小麦粉　80g
- 溶《と》かしバター　大さじ２
- イチゴ　10個
- バナナ　２本
- 生クリーム　100cc
- 砂糖　大さじ２
- 粉砂糖　少々

1 ボウルに卵を割り入れて混ぜる。牛乳を少しずつ加えながらよく混ぜ、砂糖も加えてさらに混ぜる。

牛乳は少しずつ

2 ふるっておいた小麦粉を❶に加えてよく混ぜ合わせる。

小麦粉を加える

3 ざるでこし、電子レンジにかけて溶かしておいたバターを加え、よく混ぜ合わせる。ラップをし、そのまま30分以上ねかせる。

ざるでこし、なめらかに

4

フッ素樹脂加工のフライパンを熱し、うすくバター（分量外）をひく。玉じゃくしで❸の生地《きじ》をすくってフライパンに流し入れる。

熱しすぎないように

今日のテクニックポイント

薄く均一の厚さに

5

手首を回して生地を均等にフライパン全体に広げる。ふちが焼けてチリチリと色づいたら、竹ぐしを入れてはがし、両手を使って裏返す。

コツその1

手首を回して生地を均等にフライパン全体に広げる。

コツその2

竹ぐしを何カ所かにさし入れ、周囲をぐるりとはがしてから一気に裏返す。

6

裏はあたためる程度にさっと焼き、取り出してキッチンペーパーの上に広げておく。

目標レベルを見て今回のレベルをチェックしましょう。

広げて冷ます

7

イチゴとバナナは食べやすい大きさに切る。生クリームは砂糖を加えて泡立てる。

砂糖を加えて泡立てる

8

皿にクレープを広げておき、イチゴ、バナナ、生クリームをのせて包む。

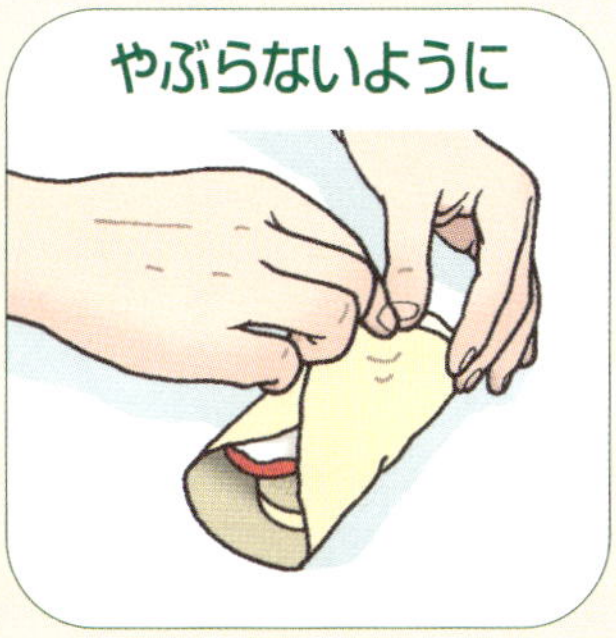
やぶらないように

9

茶こしで粉砂糖をふりかけてできあがり。

完成!
粉砂糖をかける

第22日

真鯛の薄造り

そぐように薄く

難易度 ★★

前頭前野の活性度 ★★★

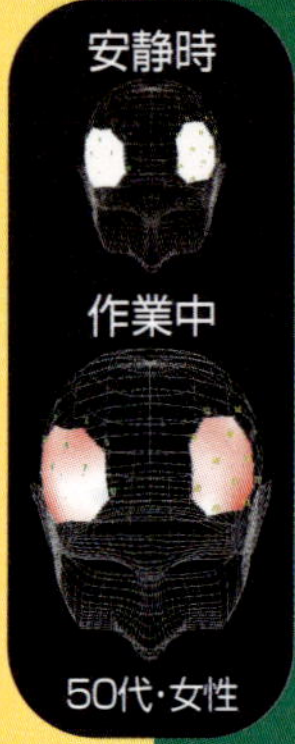
安静時
作業中
50代・女性

寝かせた包丁を手前に引いて、薄くそぐように切る。

薄造りの目標レベル

「そぎ切り」と切り方は同じだが、より薄く切るのが薄造り。均一の厚さを目指して切る。

これが3mm厚です
（実物大）

金メダル	3 mm以下の均一な厚さに切れた。
銀メダル	3 mm程度の均一な厚さに切れた。
銅メダル	厚さにばらつきがあるが一部は薄く切れた。

終わったら、巻末の記録用紙に記入しましょう。

●用意するもの

包丁、まな板、真鯛《まだい》（さく）

1 真鯛のさくを用意する。余分な水分が出ている場合は、キッチンペーパーでふき取る。

水けをふき取る

2 軽く身をおさえ、包丁を寝かせて刃元に近い部分をあて、斜《なな》めに刃を入れる。

包丁を寝かせて

3 薄くけずったチーズをのせ、塩、こしょうをふる。

4 オリーブオイル、バルサミコ酢を回しかけ、芽ねぎを飾る。

今日のテクニックポイント

そぐように薄く

3

手前に引きながら薄くそぐように切り、最後は刃の先《せん》端《たん》で切り落とす。手の熱で温まってしまわないよう、あまり時間をかけすぎないこと。

コツその1

包丁は斜めに入れ、薄くそぐように切る。

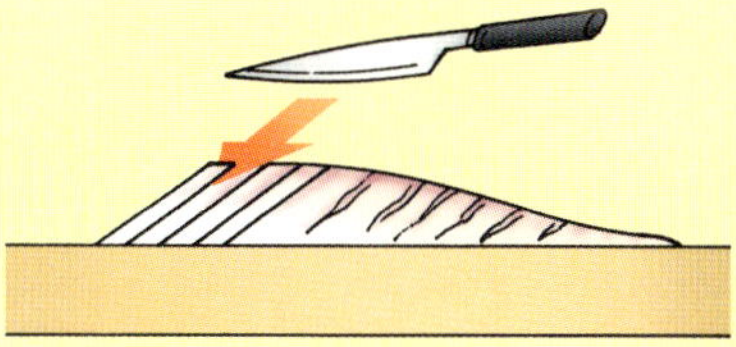

コツその2

切り身の上から包丁の刃をおさえるような感じで。

目標レベルを見て今回のレベルをチェックしましょう。

ほかの素材で

真鯛と同じように身のしっかりとしたヒラメは薄造りに適した魚。マグロの赤身を薄造りにして作るカルパッチョもおすすめ。マグロは真鯛などより身がやわらかいので慎重に薄造りを。

岸朝子の 薄造りを使った**オススメ健康食レシピ**

真鯛のカルパッチョ

1人分のエネルギー…141キロカロリー
調理時間の目安……15分

身がしまった新鮮な真鯛をごく薄く切るのがポイント。
おもてなしにもおすすめの一皿。

●材料（4人分）

ルッコラ　1束
トレビス　4枚
イタリアンパセリ　少々
真鯛　1さく
パルミジャーノチーズ
　適宜《てきぎ》
塩、こしょう　各少々
オリーブオイル（エクストラバージン）　大さじ1
バルサミコ酢　小さじ1
芽ねぎ　少々

1 ルッコラ、トレビス、イタリアンパセリは洗って食べやすい大きさに切り、皿にきれいに盛りつける。

2 ページ上の手順で薄造りにした真鯛を**1**の上に盛りつける。

第23日 いかの下ごしらえ

皮は残さずキレイにはがす

難易度 ★★

前頭前野の活性度 ★★★

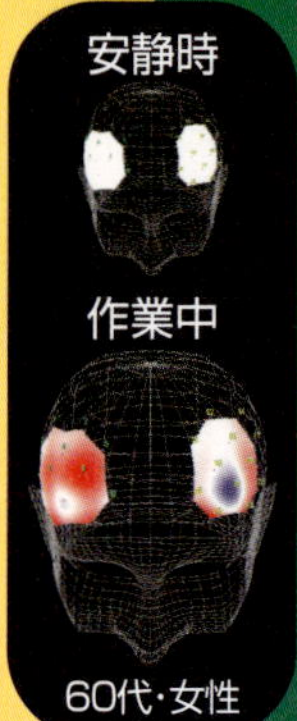
安静時
作業中
60代・女性

まるごとのいかを胴《どう》、エンペラ、足、内臓（ワタ）に分ける。まず足を取り、次に胴からエンペラをはずしながら胴の皮をむいていく。

今日の料理ドリル

終わったら、巻末の記録用紙に記入しましょう。

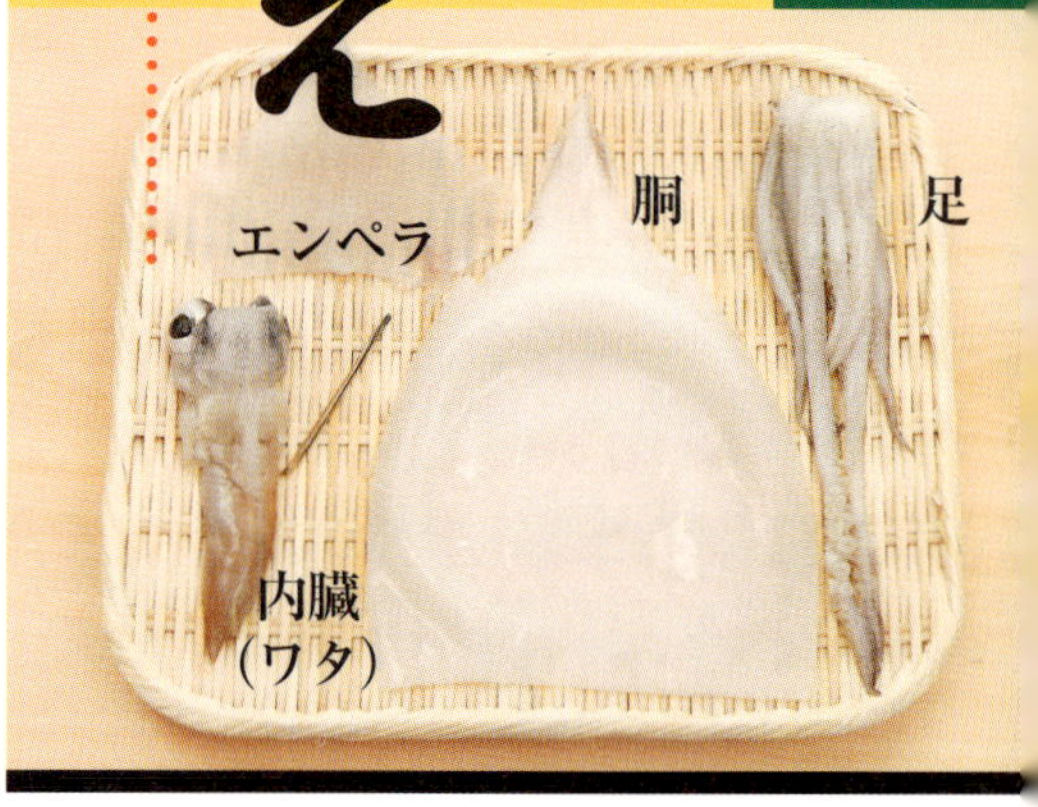
エンペラ
胴
足
内臓
（ワタ）

いかの下ごしらえの目標レベル

きれいに皮がはがせるかどうかがポイント。口あたりや見た目など、料理の仕上がりにも差が出てくる。ゆっくりでかまわないので、ていねいな作業を。

- 金メダル　手だけですんなりときれいに皮がむけた。
- 銀メダル　キッチンペーパーなどを使って皮がむけた。
- 銅メダル　皮がのこったり身がくずれてしまった。

●用意するもの

包丁、まな板、キッチンペーパーまたはふきん、いか

1

足のつけ根部分から、胴に指を差し込む。内臓と胴がつながっている部分を奥まで指で探りながら引き離す。

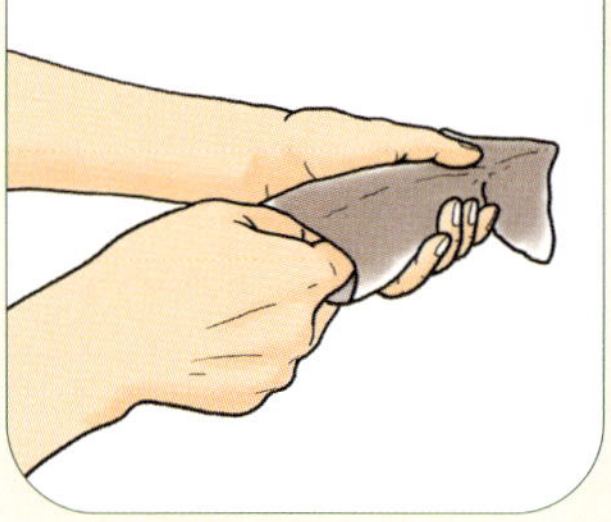
指で探りながら

2

片方の手で胴を持ち、もう一方の手で足を引っ張る。ワタをやぶらないよう気をつけながら、そっと胴と足をはずす。

ワタをやぶらないように

3

胴の内がわについているプラスチック状の軟《なん》骨《こつ》を引き抜《ぬ》いて取り出す。胴の中にのこっているワタをかき出し、冷水で洗って水けをふき取る。

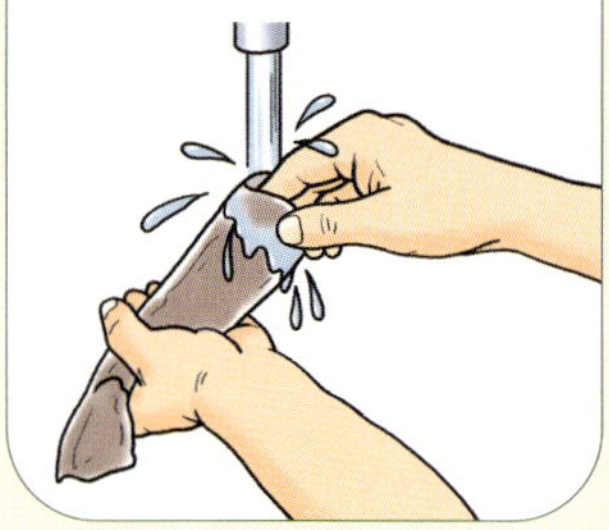
軟骨を取り出し、洗う

4

エンペラのつけ根と胴の間に指を入れ、横にひっぱるように倒して、皮ごとひきはがす。

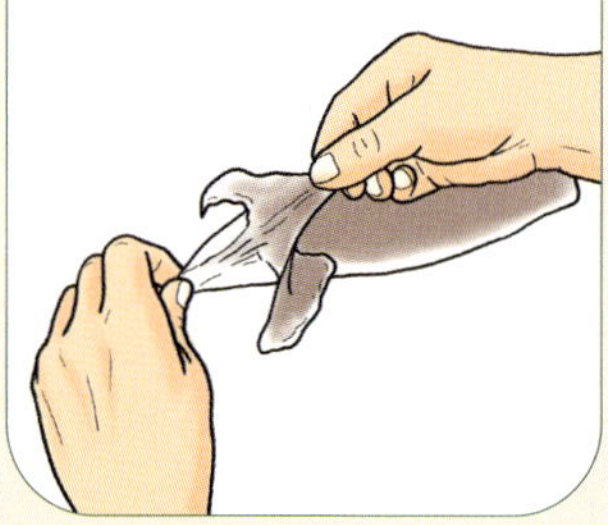
エンペラと皮をはがす

今日のテクニックポイント

皮は残さずキレイにはがす

5

エンペラをはがしたあたりの部分から、皮と身の間に指を入れて、皮をはがす。いかの皮は外がわと内がわで二重になっているので、中の薄皮ものこさずはがす。

コツその1

キッチンペーパーかふきんを使うとすべらずはがしやすい。

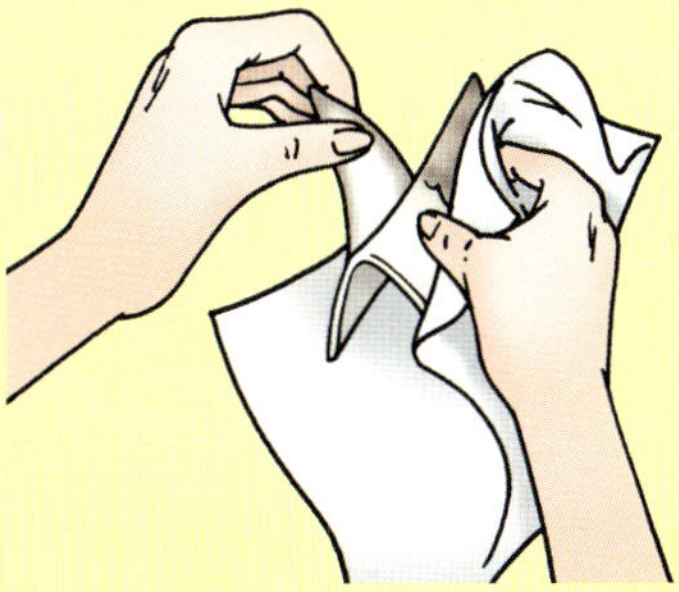

コツその2

薄皮がのこると口あたりが悪くなるので皮はのこさずはがす。

目標レベルを見て今回のレベルをチェックしましょう。

6

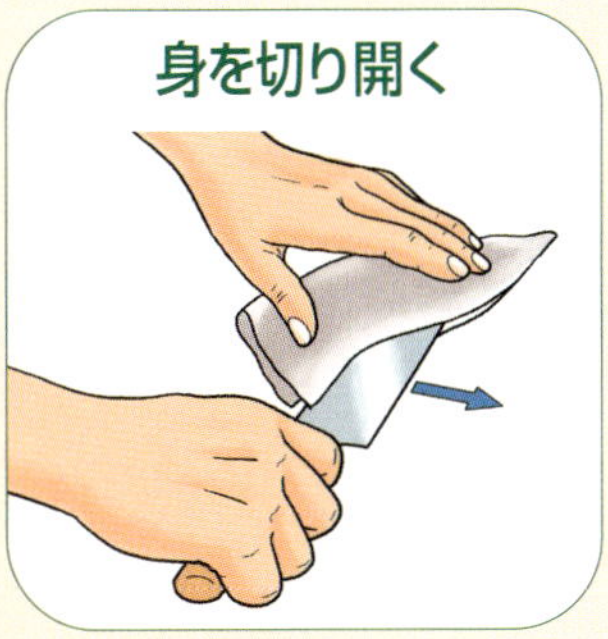

包丁を軟骨のついていた部分に差し入れ、身を切り開く。（P.55の「パエリア」を作るときには切り開かず、輪切りにする。）

7

内側の薄皮をキッチンペーパーやふきんでこすりとり、かたい部分（爪）を包丁でそぎとる。

8

足のつけ根にある目のすぐ下の部分に包丁を入れ、足とワタを切り離す。

ちょっとひと工夫

さばいたいかを刺身にするときに、3～4mm幅にごく細く切れば「糸作り」に。表面に5mmほどの等《とう》間《かん》隔《かく》で縦《たて》に切り目を入れ、のりを内がわにおいてクルクルと巻き、1cmほどの幅に切れば「鳴門巻き」に。

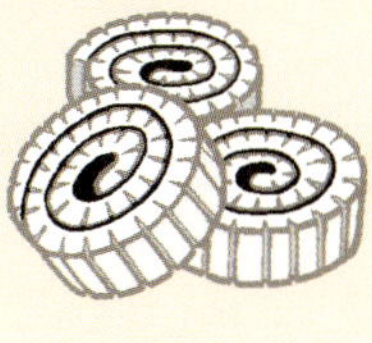

9 包丁で足のつけ根に縦《たて》に切り目を入れて開き、内がわにあるかたいくちばし（トンビ）を取り除く。

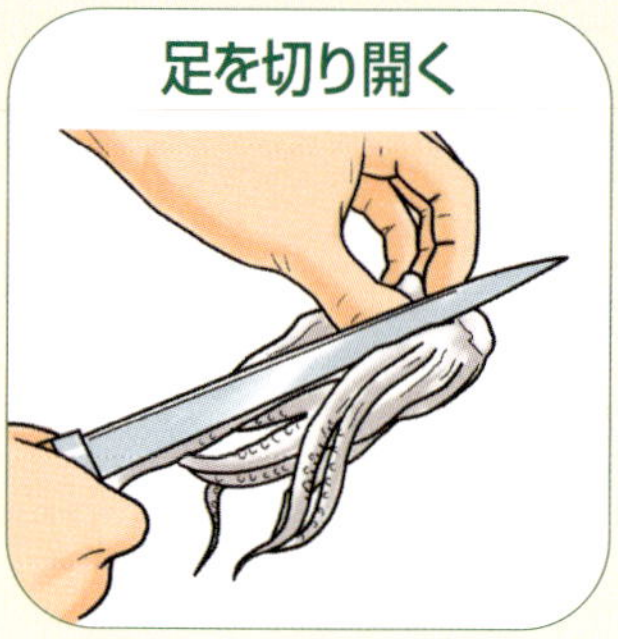
足を切り開く

10 包丁の背で吸盤《きゅうばん》をこそげ落とす。

吸盤をこそげ落とす

11 足先の細い部分は切り落とす。

足先を切り落とす

12 エンペラは端《はし》を切って形をととのえる。

エンペラの端を切る

4 米が透《す》き通ったらトマトピューレを加える。

5 サフランは水につけて色を出しておく。サフラン水にコンソメ顆粒を加えて溶《と》かしたものをそそぎ入れる。

6 煮立《にた》ったら、塩水に浸《つ》けて砂だしをしておいたあさり、皮をむき輪切りにしたいかの身を並べる。

7 尾だけを残して殻《から》をむき、背ワタを除いたえびを並べる。

8 パプリカを並べ、塩、こしょうで味をととのえる。フタをして沸騰《ふっとう》したら温度を下げ、約15分炊く。保温にして５分ほど蒸《む》らしてできあがり。

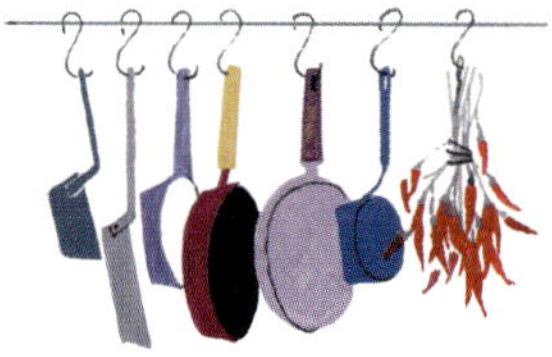

ワタも使うときは

ワタは傷つけないように、まわりについた白い部分を包丁の刃先で細かくそぎ取る。

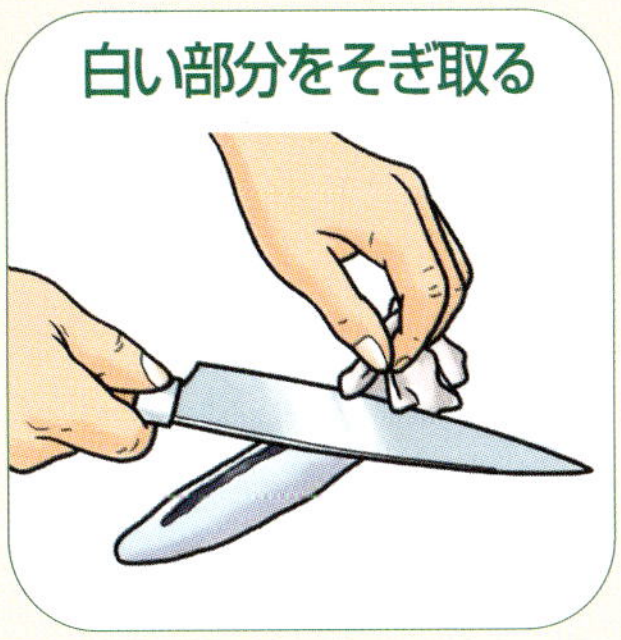
白い部分をそぎ取る

ワタにくっついているスミ袋を指で軽くつまみ、そっとはがして、つながっている部分を包丁で切り離す。

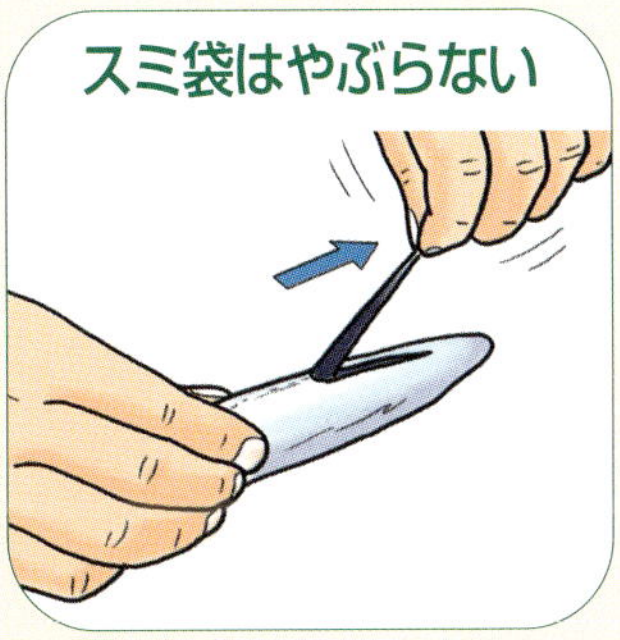
スミ袋はやぶらない

13 先端《せんたん》のかたい部分を切り取る。

かたい部分を切り取る

14 半分に切り、切り目から皮をはがす。

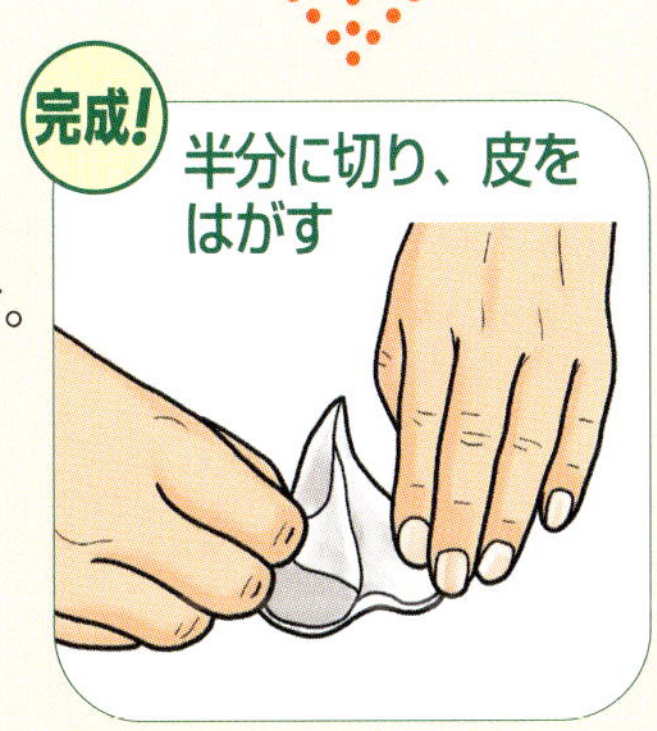
完成!
半分に切り、皮をはがす

岸朝子の いかを使った オススメ健康食レシピ

パエリア

1人分のエネルギー…695キロカロリー
調理時間の目安……35分

ホットプレートひとつで気軽に作れる、本格的なスペイン料理。

●材料（4人分）
オリーブオイル　大さじ2
にんにく　1かけ
玉ねぎ　1/2個
鶏もも肉　200g
米　3合
トマトピューレ　大さじ2
水　3カップ
サフラン　20本
コンソメ顆粒《かりゅう》　大さじ1
あさり　1パック(200g)
いか　1杯
えび　8尾
パプリカ　1個
塩、こしょう　各少々
※ホットプレートは
直径35cmくらいのもの

1 ホットプレートにオリーブオイルを入れ、みじん切り（→第17日）にしたにんにく、玉ねぎを炒《いた》める。

2 一口大に切り塩、こしょうをふった鶏肉を加え、肉の色が変わるまで炒める。

3 といでざるにあげておいた米（→P.72）を加えて、炒める。

●飾り切り

第24日

いかの松かさ切り

難易度★★★

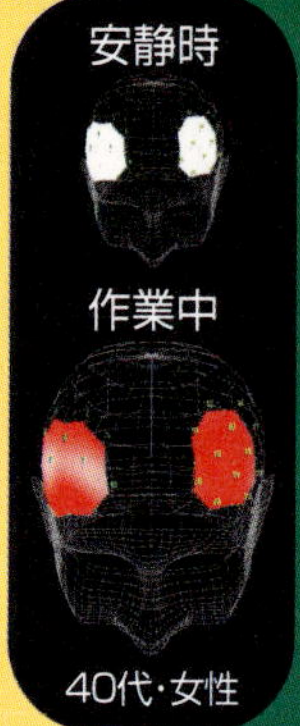

安静時
作業中
40代・女性

前頭前野の活性度★★★

斜《なな》めに等《とう》間《かん》隔《かく》の切り目を入れる

包丁を寝かせて斜め格子《ごうし》の切り目を入れることで、食感がやわらかく、味もからみやすくなる。

松かさ切りの目標レベル

下まで切り離してしまわないよう注意しながらていねいに。切り目の幅と間隔をチェック。

これが2mm幅です
(実物大)

金メダル	2 mm幅で等間隔。
銀メダル	2 mm以上の幅だが等間隔。
銅メダル	2 mm以上の幅で間隔もバラバラ。

今日の料理ドリル

終わったら、巻末の記録用紙に記入しましょう。

●用意するもの

包丁、まな板、鍋《なべ》、あみ、氷水、下ごしらえをしたいか

1

下ごしらえをしたいかの身は、3～4切れに切り分ける。

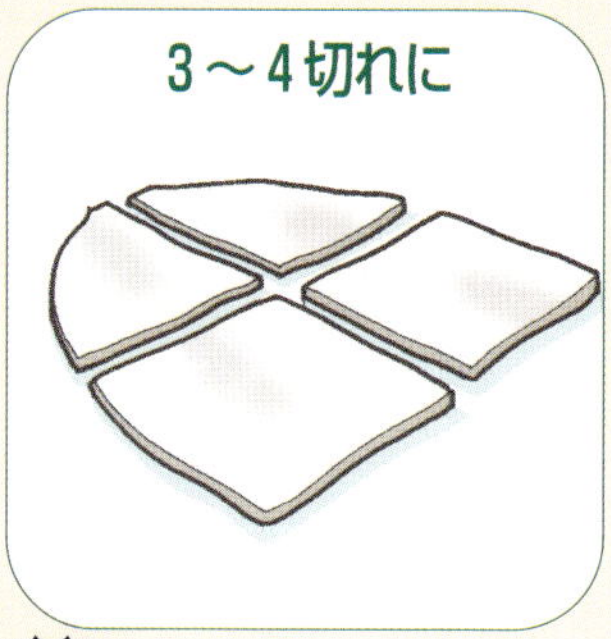

3～4切れに

今日のテクニックポイント

斜めに等間隔の切り目を入れる

2

表面に2～3mm間隔で切り目を入れる。包丁を寝かせて左端《はし》の角から斜めに、身の半分ほどの深さまで。

コツその1

包丁は寝かせて斜めに入れる。

コツその2

切り目は等間隔に入れると美しい仕上がりに。

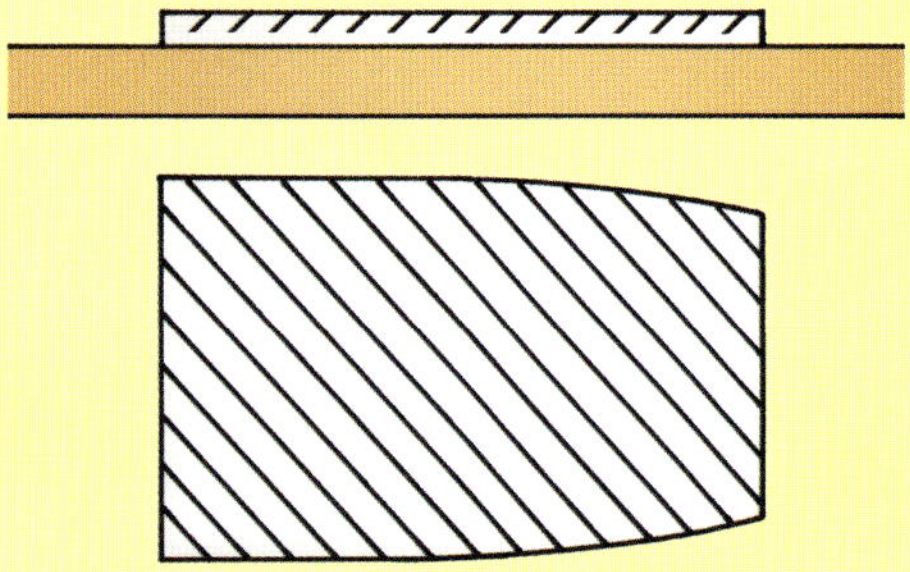

目標レベルを見て今回のレベルをチェックしましょう。

岸朝子の松かさ切りを使ったオススメ健康食レシピ

いかとアスパラの炒《いた》めもの

1人分のエネルギー… 95キロカロリー
調理時間の目安……20分

シンプルな塩味の炒めもの。いかの白さとアスパラの鮮《あざ》やかなグリーンで彩《いろど》りよく。

●材料（4人分）

アスパラガス　1束
にんじん　1/4本
いか（胴）　1杯分
サラダ油　大さじ2
A　ねぎ、しょうが、にんにくのみじん切り　各大さじ1杯分
酒　大さじ1
塩、こしょう　各少々

1 アスパラガスはかたい軸を切り落としはかまを取って、斜めに切る。にんじんは薄いたんざく切り（→第6日）にする。

2 中華鍋に湯をわかし、塩を入れてアスパラを約20秒ゆでて取り出す。

3 中華鍋の湯を捨てて再び火にかける。よくかわいたらサラダ油を入れて熱し、Aを香りが出るまで炒める。

4 にんじん、アスパラガス、松かさ切りにし一口大に切ってゆでたいかを加えて炒める。酒を加え、塩、こしょうで味をととのえる。

3

右に90度回転させ、**2**と同様の切り目を、格子状になるように入れていく。切り目が入ったら、一口大に切る。

4

さっと熱湯にくぐらせ（1分弱）氷水にとる。こうすると、格子状の切り目がきれいに開く。

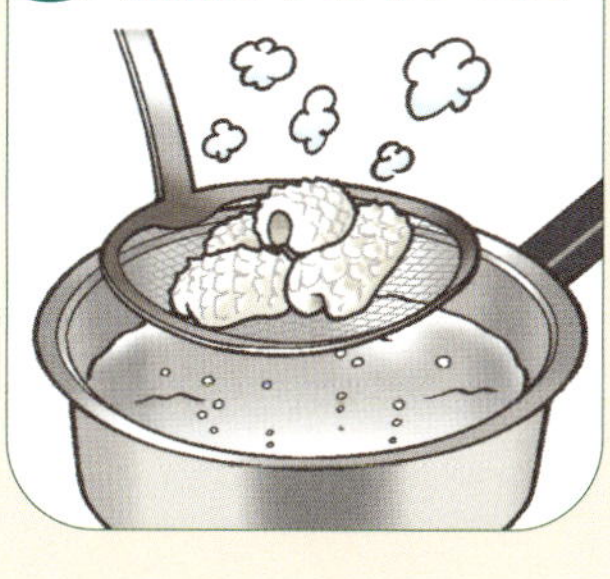

第25日

皮で包む
―ギョーザを作る

難易度★★

前頭前野の活性度★★

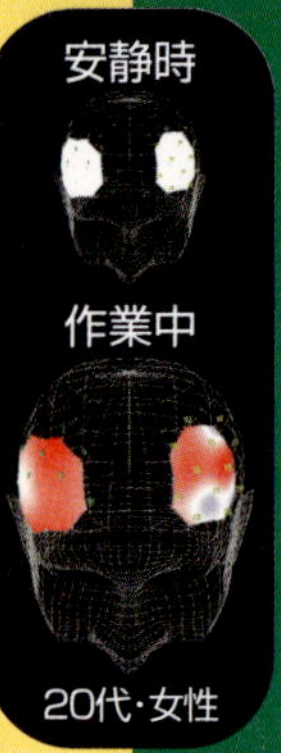

同じ形、同じ大きさに包む

あんをきっちり等分に分け、等《とう》間《かん》隔《かく》にひだを入れて包む。

ギョーザの目標レベル

大きさや形がバラバラだと、焼き加減にムラが出る。焼いている途中ではがれないよう、ひだはしっかりと指でおさえてくっつけることが大切。

- 金メダル　大きさが均等で、ひだも等間隔。
- 銀メダル　大きさやひだの本数がややバラついている。
- 銅メダル　端までしっかりくっついていないものがある。

今日の料理ドリル

終わったら、巻末の記録用紙に記入しましょう。

●1人分のエネルギー…244キロカロリー
●調理時間の目安………30分（あんをねかせる時間を除く）

●用意するもの	●材料（4人分）
包丁	豚ひき肉　150g
まな板	キャベツ　3～4枚
ボウル	しょうが　1かけ
さいばし	にら　1/2わ
鍋《なべ》	A　しょうゆ　大さじ1
フライパン	酒　大さじ1
フライ返し	塩、こしょう　各少々
	ごま油　小さじ1
	ギョーザの皮 1袋（24枚入り）
	水　100cc
	サラダ油　大さじ1
	サラダ油（仕上げ用）　小さじ1

1
キャベツはゆでて粗《あら》熱《ねつ》をとり、粗いみじん切りにして、手でギュッと水けをしぼる。にらは小口切り（→第1日）にする。

たっぷりのお湯で

2
しょうがは細かいみじん切り（→第17日）にする。

細かいみじん切りに

3
ボウルにひき肉、2、Aを入れ、手で粘《ねば》りが出るまでよく混ぜる。1を加え、全体が混ざるようにしっかりと混ぜ、冷蔵庫で約30分ねかせる。

粘りが出るまで

4

均等に分ける

分量にばらつきがでないよう、ボウルの中のあんを平らにととのえ、放射状に8等分になるよう筋《すじ》を入れる。（1ブロックで3個分）

5

皮の周囲にぐるりと

ギョーザの皮を手の上に広げ、中央にあんをのせ、指先で皮の周囲に水をつける。

今日のテクニックポイント

同じ形、同じ大きさに包む

6

皮をふたつに折り、端《はし》を指でおさえてくっつける。片手を添《そ》え、もう一方の手の親指と人差し指で手前がわの皮をたるませてはおさえ、ひだを4～5本作る。ひだができたら全体を指でしっかりとおさえる。

コツその1

指でギュッとおさえてはがれないように。

コツその2

ひだは同じ方向に等間隔で4～5本。

目標レベルを見て
今回のレベルをチェック
しましょう。

7

水を入れて蒸し焼きに

フライパンを強火で十分に熱し、サラダ油をひく。ギョーザを並べ、水をそそぎ入れ、すぐにフタをして4～5分蒸《む》し焼《や》きに。

8

こんがりと焼く

余分な湯を捨て、中火で2～3分焼く。サラダ油小さじ1を全体に行き渡るようにまわし入れ、こんがりと焼き色がついたら、裏返して器に盛る。

ほかの素材で

ギョーザのあんに使う野菜は、キャベツのかわりに白菜を使ってもよい。白菜は水分が多いので、ゆでたあとしっかりとしぼり水けをよくきること。しぼり方が足りないとあん全体が水っぽくなってしまう。スタミナ不足だと感じたら、にんにくのみじん切りか、すりおろしたものを加えても。

●揚げる

第26日

鶏肉をから揚《あ》げにする

難易度★★★

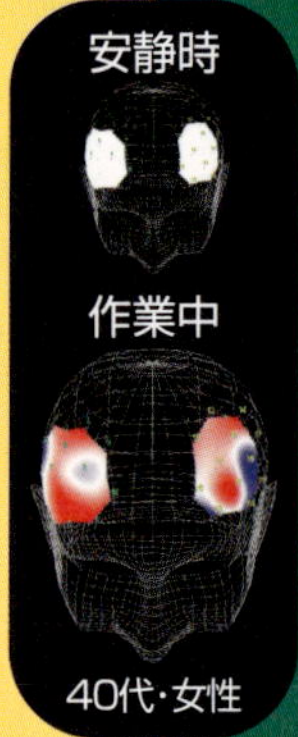

前頭前野の活性度★★★

低温と高温で二度揚げ

低温と高温、温度の違う油で二度揚げし、カラリと仕上げる。

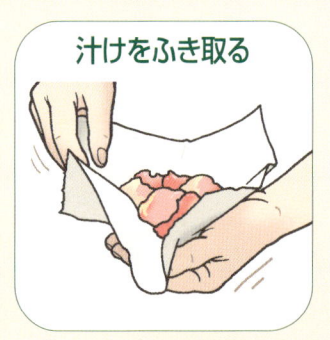

鶏のから揚げの目標レベル

から揚げでよくある失敗、揚げすぎや生焼けを防ぐには、目と耳をフルに使って、揚げ油の泡の大きさ、揚げ音に注意。仕上がりの食感をチェック。

- 金メダル　外はカリッと、中はやわらかジューシー。
- 銀メダル　焦《こ》げてはいないが、1個1個揚げ色が違う。
- 銅メダル　外は焦げ気味、中はパサパサ。

今日の料理ドリル

終わったら、巻末の記録用紙に記入しましょう。

●1人分のエネルギー…356キロカロリー
●調理時間の目安………30分（味をなじませる時間を除く）

●用意するもの
包丁、まな板、ボウル、キッチンペーパー、さいばし、ポリ袋、揚げ鍋《なべ》、温度計

●材料（4人分）
鶏もも肉　400g
A　しょうゆ　大さじ1 1/2
　　酒　小さじ2
　　しょうがのしぼり汁　小さじ1
　　塩　少々
片栗粉《かたくりこ》、揚げ油　各適宜《てきぎ》

1
鶏もも肉は、余分な脂肪《しぼう》を除き、食べやすい大きさに切る。

余分な脂肪は除く

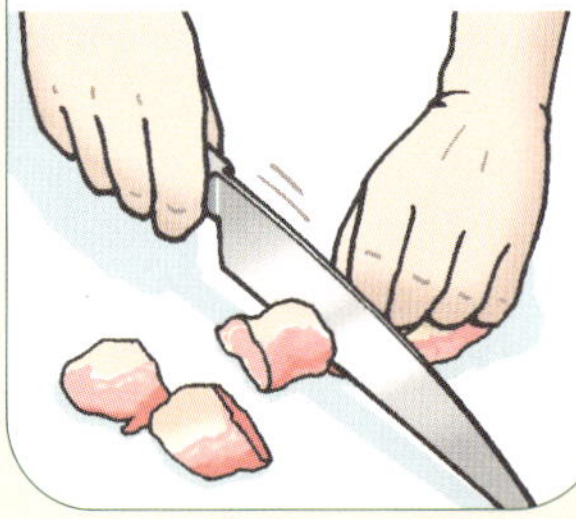

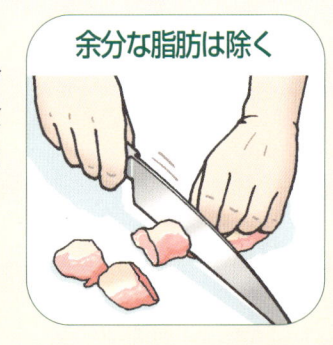

2
ボウルに入れ、Aを加えて手でもみ込むようにして下《した》味《あじ》をつける。

手でもみ込んで

3
そのまま20分ほどおいて味をなじませたら、キッチンペーパーで汁《しる》けをふき取る。

汁けをふき取る

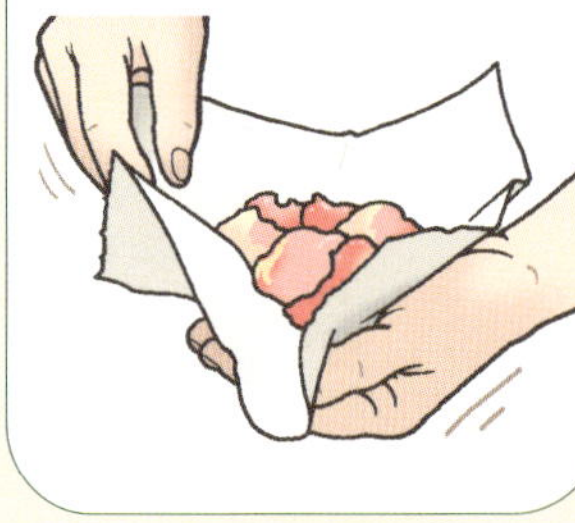

4

ポリ袋に片栗粉を入れ、鶏肉を入れて粉をまぶす。このときポリ袋に空気を入れてふくらまし、ふるようにするとよい。

全体に粉をまぶす

5

揚げ油を低温（160℃）に熱し、鶏肉を入れる。4～5分揚げ、泡が小さくなり、鶏肉が表面に浮いてきたらいったん取り出す。

まずは低温の油で

今日のテクニックポイント

低温と高温で二度揚げ

6

火を強めて揚げ油を高温（190℃）にし、5を再び戻し入れる。ピチピチとかわいた音がして、表面がカリッとするまで揚げてから取り出し、よく油をきる。油から上げたあと中まで余熱で火が通るので揚げすぎは禁物。

コツその1

ときどきさいばしで肉を持ち上げて空気にさらすようにするとカラリと揚がる。

コツその2

揚げ音がジュワジュワからピチピチに変わったら引き上げどき。

目標レベルを見て今回のレベルをチェックしましょう。

こんなアレンジも

今回のレシピで使用したのは、うまみとコクがあり歯ごたえもしっかりとした鶏のもも肉。脂が苦手なあっさり派には、やわらかい胸肉がおすすめ。また、粉は、片栗粉だけの場合はカリカリとした仕上がりに、小麦粉を使うとしっとりソフトになる。両方を半量ずつ合わせてもよい。

揚げ油の温度

低温 160℃前後	・鍋に衣を少量落とすと底まで沈んでしばらくしてから浮き上がる ・二度揚げの一度目、根菜の素揚げなどじっくりと火を通したい場合に
中温 170～180℃	・鍋に衣を少量落とすと半分ほど沈んでから浮き上がる ・たいていの揚げ物に適した温度
高温 190℃前後	・鍋に衣を少量落とすと表面でぱっと散る ・二度揚げの仕上げ、さっと火を通したい魚介類の天ぷらなど

第27日

卵を焼く
―だし巻き卵を作る

ふっくらきれいな四角形に

卵液を三回に分けて加え、くるくると巻いて四角い形にととのえる。

難易度 ★★★

前頭前野の活性度 ★★★

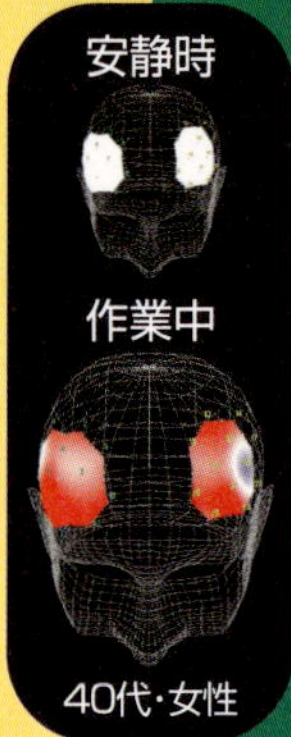

だし巻き卵の目標レベル

きれいな四角形にならなかった場合はキッチンペーパーや巻きすを使って成型すれば修復可能。四角くじょうずに、ふっくら焼けるようになれば金メダル！

金メダル	成型せずにきれいな四角形、食感はふっくら。
銀メダル	多少いびつだが成型せずに完成。
銅メダル	キッチンペーパーや巻きすで成型して完成。

終わったら、巻末の記録用紙に記入しましょう。

●１人分（1/3本）のエネルギー
………132キロカロリー

●調理時間の目安………15分

●用意するもの

卵焼き鍋《なべ》、ボウル、さいばし、キッチンペーパー

●材料（1本分）

卵　3個　　サラダ油　適宜《てきぎ》

A（合わせておく）

だし汁《じる》　大さじ3　　しょうゆ　小さじ1
砂糖　大さじ2　　塩　少々

1

ボウルに卵を割り入れ、さいばしで卵白を切るように溶《と》きほぐす。Aを加えて混ぜる。混ぜすぎるとコシがなくなるので、ところどころに卵白がのこる程度に。

卵を溶きほぐす

2

四角い卵焼き鍋を中火にかけて十分に熱し、サラダ油をしみ込ませたキッチンペーパーでごく薄く油をひく。

油はごく薄く

3

鍋に全体の1/3量の卵液を流し入れる。鍋を手早く前後にゆり動かして、全体に広げる。

卵液を全体に広げる

4

半熟になったら手前へ

さいばしで軽く混ぜ、半熟《はんじゅく》状になったら鍋の手前がわへ寄せる。

5

2回目の卵液を入れる

反対がわへ移動させる。鍋のあいたところに再び薄く油をひき、次の卵液を入れ全体に広げる。

今日のテクニックポイント

ふっくらきれいな四角形に

6

先に焼いた卵の手前にさいばしを入れて少し持ち上げ、鍋を傾《かたむ》けて下にも卵液が行き渡るようにする。この卵が半熟のうちに、さいばしを使って向こうがわから手前に向かって卵を起こすように返しながら巻いていく。

コツその1

巻く方向は向こうがわから手前に。

コツその2

下にも卵液を行き渡らせてしっかりとくっつける。

7

向こうがわへ寄せる

鍋のいちばん手前まで巻いたら、向こうがわに寄せ、のこりの卵液を入れて、同様に巻く。

8

完成! **形をととえる**

最後まで巻いたら、鍋のふちを使って四角く形をととのえる。くずれたときはキッチンペーパーに包んで成型してもよい。

目標レベルを見て今回のレベルをチェックしましょう。

こんなアレンジも

市販のうなぎ蒲焼きを食べやすい大きさに切り、だし巻き卵の中心にくるよう芯《しん》にして巻けば「う巻き」のできあがり。芯に入れる食材はウインナーソーセージ、かに風味かまぼこ、チーズなどでも。あさつき、にら、ほうれんそうなどをさっと塩ゆでし、水けをしぼってから軽くしょうゆで味つけしたものを芯にすればヘルシーなだし巻き卵に。

第28日

いわしの手開き

難易度★★

前頭前野の活性度★

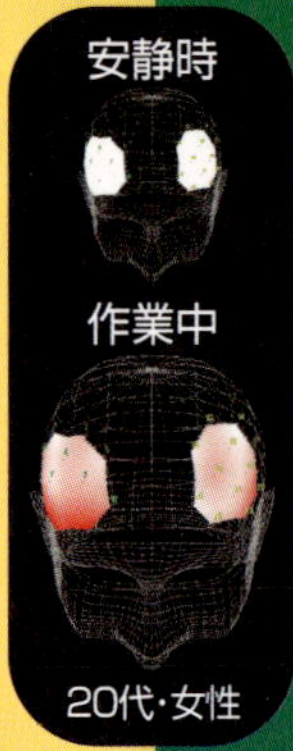
安静時
作業中
20代・女性

指を使って骨から身をはがす

いわしは身がやわらかいので手で開く。慣れれば包丁でさばくより早くできるはず。

手開きの目標レベル

やわらかい身がくずれないよう、ていねいに。ただし、時間をかけすぎると、いわしの身が温まってしまうので、手早さも大切なポイント。何度も挑戦することが、上達の秘《ひ》訣《けつ》。

金メダル	身をのこさずにスムーズに開けた。
銀メダル	手早く開けたが骨に身がのこっている。
銅メダル	身がくずれてしまった。

今日の料理ドリル

終わったら、巻末の記録用紙に記入しましょう。

●用意するもの

出刃包丁、まな板、いわし

1
出刃包丁の刃先を使って、尾から頭に向かってウロコをかき取る。

ウロコを取る

2
頭を切り落とす。出刃包丁の刃をまっすぐいわしにあて、そのまま押し切る。

頭を切り落とす

3
腹を斜《なな》めに切り落とし、出刃包丁の刃先で内臓をかき出す。流水でのこった内臓や血を洗い流し、水けをしっかりとふき取る。

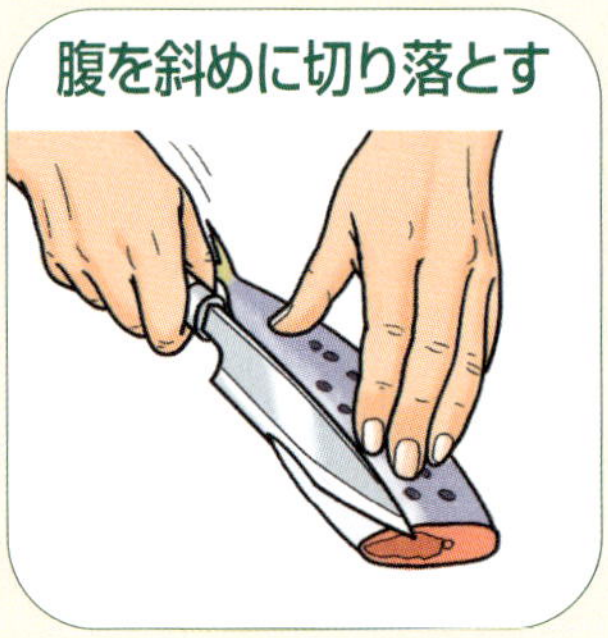
腹を斜めに切り落とす

新《しん》鮮《せん》ないわしの選び方

いわしは目が澄《す》んでいて、背が青くキラキラと光っているもの、腹に張りがありしっかりしているもの、ウロコがたくさんついているものが新鮮。

岸朝子の手開きを使ったオススメ健康食レシピ

いわしの梅しそ巻き揚《あ》げ

1人分のエネルギー…360キロカロリー
調理時間の目安……25分

いわしと梅は相性ばつぐん。香りのいいしその葉も合わせて。ごはんのおかずにも、おつまみにもなる一品。

●材料（4人分）

いわし　8尾
青じそ　16枚
A
- 梅干し（種を除く）　3個
- ねぎ（みじん切り）　大さじ3
- みそ　大さじ1

小麦粉、溶《と》き卵、パン粉、揚げ油　各適宜《てきぎ》

1　いわしは右ページの手順通りに手開きする。包丁を寝かせて腹骨をそぎ取る。Aはよく混ぜ合わせておく。

2　開いたいわしの内がわに青じそを2枚のせ、Aの1/8量をぬる。

3　頭がわからくるくると巻いて、つまようじで止める。残りの7尾も同様に。

4　小麦粉、溶き卵、パン粉をつけ、170℃の揚げ油でカリッと色よく揚げる。油をきり、器に盛る。

今日のテクニックポイント

4　指を使って骨から身をはがす

腹の中骨の上に親指を入れる。尾のほうに向かい中骨にそって指を移動させながら、少しずつしごくようにして骨から身をはがし、平らに開く。

コツその1

鮮度が落ちやすいため、手の熱で身があたたまってしまわないよう手早く作業。

コツその2

尾に向かって中骨の上を少しずつしごくように身をはがす。

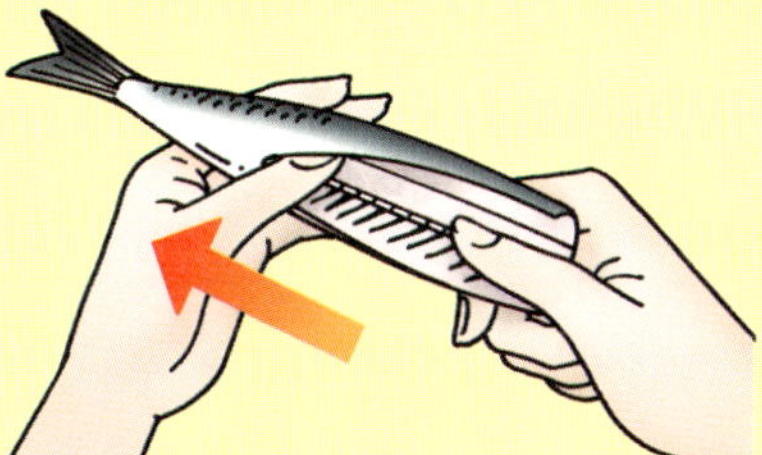

5

中骨を尾のつけ根で折り取る。包丁を寝かせて、腹骨をうすく切り取る。

完成!　中骨を折って取る

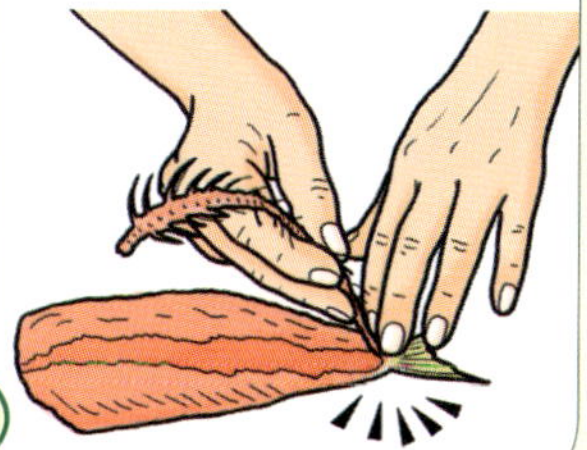

目標レベルを見て今回のレベルをチェックしましょう。

●魚介類《ぎょかいるい》をさばく

第29日

あじの三枚おろし

中骨にそって

難易度★★★

一尾の魚を上身、中骨、下身の三つに分けるさばき方。

前頭前野の活性度★★★

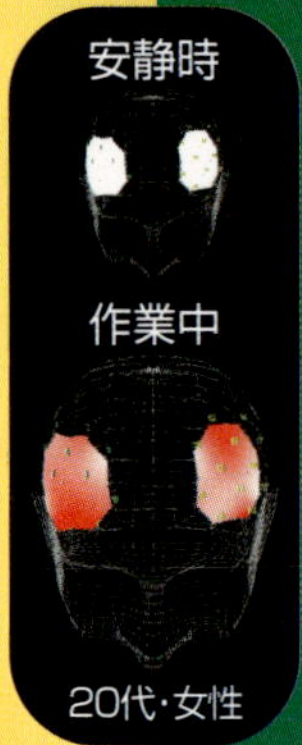

安静時
作業中
20代・女性

今日の料理ドリル

終わったら、巻末の記録用紙に記入しましょう。

●用意するもの

出刃包丁、まな板、あじ

●あじの部位

胸びれ
背びれ
ぜいご
この中に
ワタがある

1

出刃包丁の刃をあじの身に対して直角にあて、尾から頭に向かってウロコをかき取る。

ウロコを取る

2

出刃包丁の刃を寝かせ、尾のつけ根から胸びれの手前まで、細かく前後に動かしながらぜいごを取り除く。反対がわも同様にする。

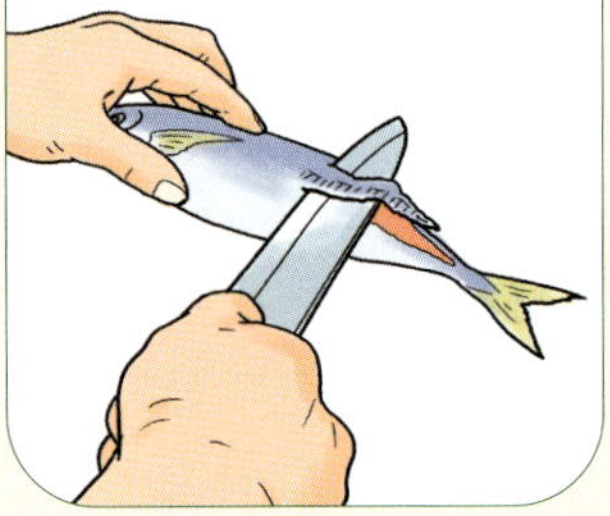

ぜいごを取る

3

胸びれのつけ根に斜《なな》めに出刃包丁を入れ、頭を切り落とす。

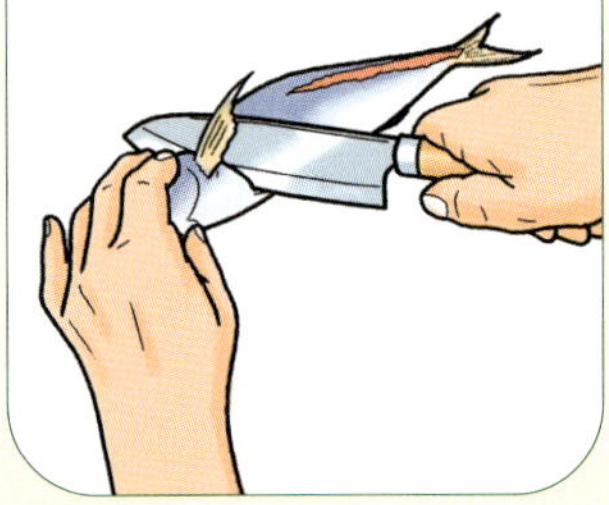

頭を切り落とす

三枚おろしの目標レベル

手早く、きれいにさばけるようになるには練習が必要。ある程度慣れたら手順はすべて頭に入れて、何も見ずに作業しましょう。骨から身を切り離すところがポイント。

金メダル	身をのこさずにスムーズに開けた。
銀メダル	手順通りに開けたが中骨に身がのこっている。
銅メダル	身が半分くらいに小さくなってしまった。

4

腹を手前に向けておき、出刃包丁を寝かせ、頭がわから3～4cm切り開いて、内臓をかき出す。

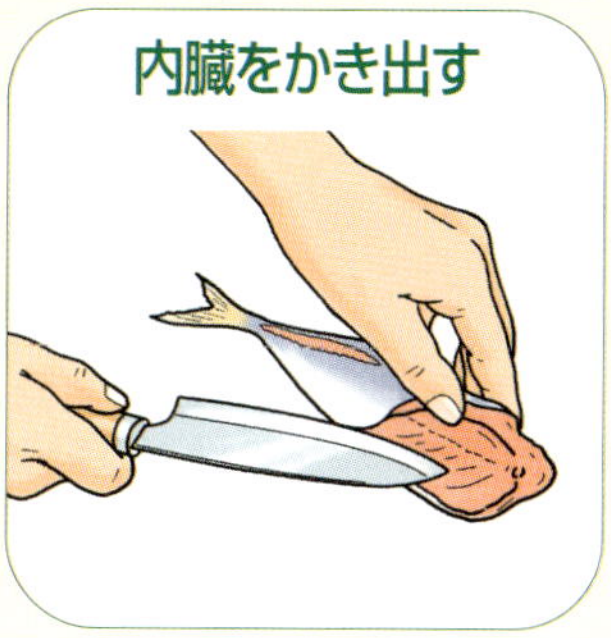

5

流水で残った内臓や血を洗い流し、水けをしっかりとふき取る。

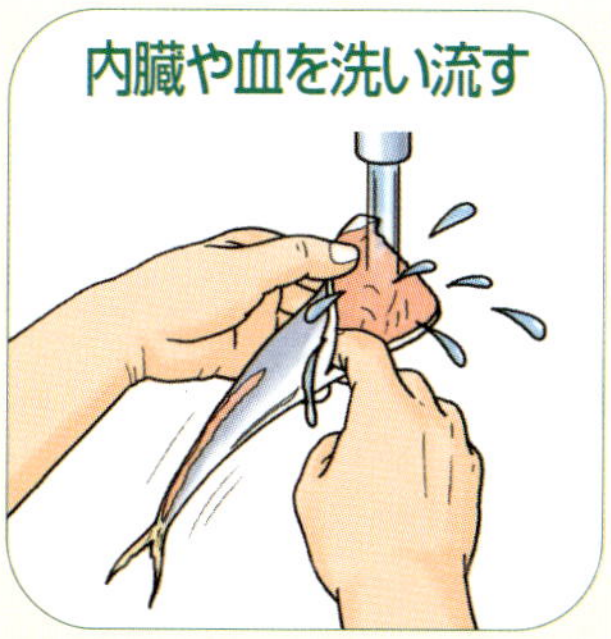

6

腹を手前に向け、腹のつなぎ目に出刃包丁の先で浅く跡《あと》をつけ、身を切り離すための道筋をつける。

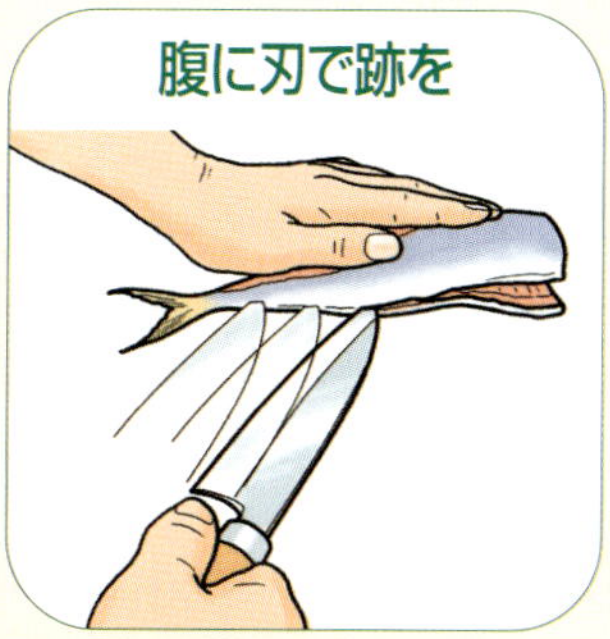

7

頭がわから出刃包丁を入れ、中骨にそって、尾のつけ根まで切る。はじめは浅く、徐々に刃先が骨にあたるまで深く切り込んでいく。

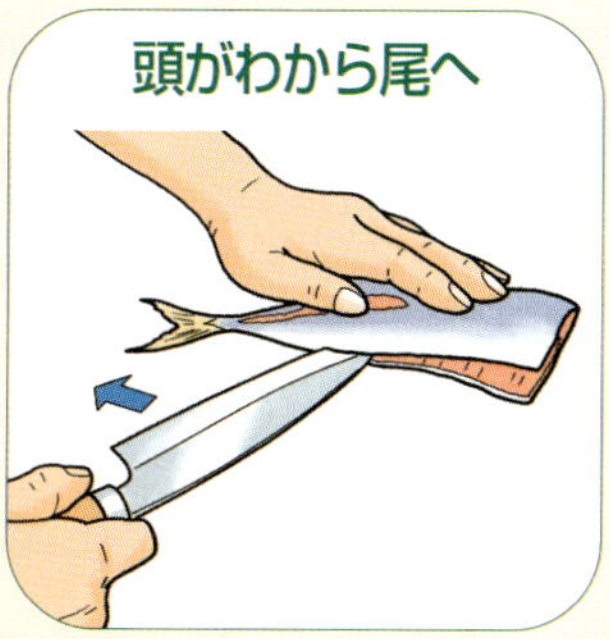

8

向きを変え、尾がわの背びれのすぐ上から頭がわに向かって、6、7と同様に切り込みを入れる。

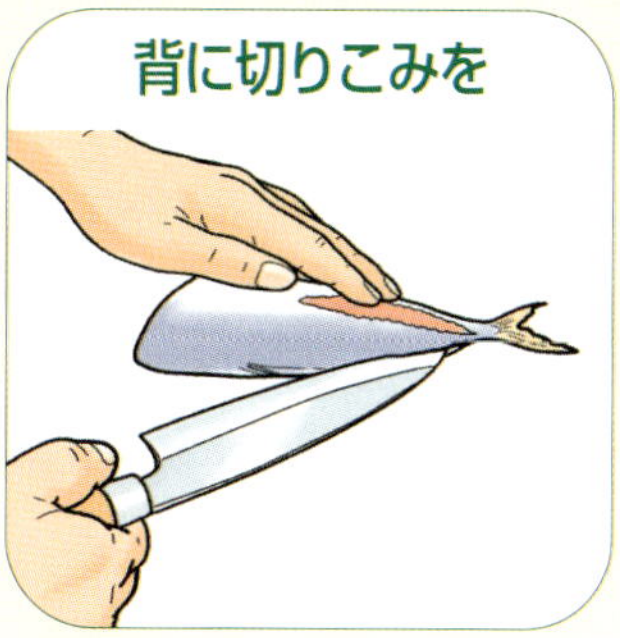

今日のテクニックポイント

中骨にそって

9

尾のつけ根に出刃包丁を入れ直し、腹がわまでつき刺す。尾から頭に向かって、刃を骨の上を滑《すべ》らせるようにして動かし、身を切り離す。

コツその1

包丁の刃は中骨にそって動かす。

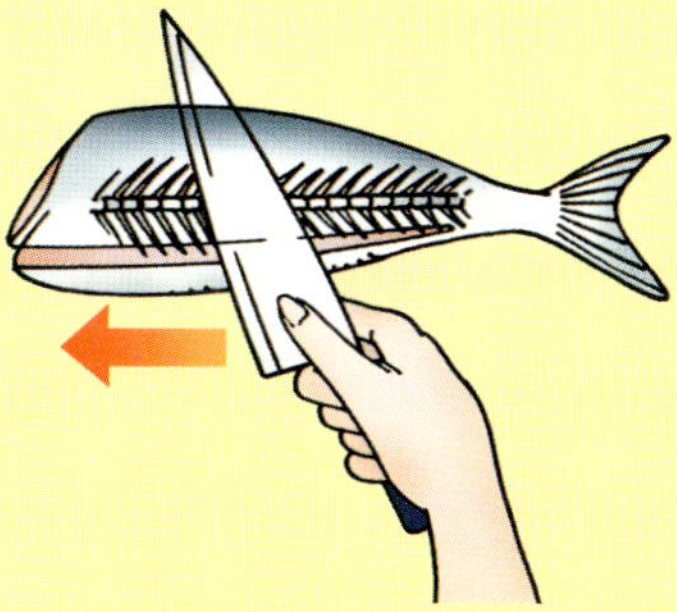

コツその2

6～8の手順で身を切り離すための「道筋」をきっちりつけておくこと。

10
身を少し持ち上げ、尾のつけ根を切り離す。ここまでで二枚おろしの完成。

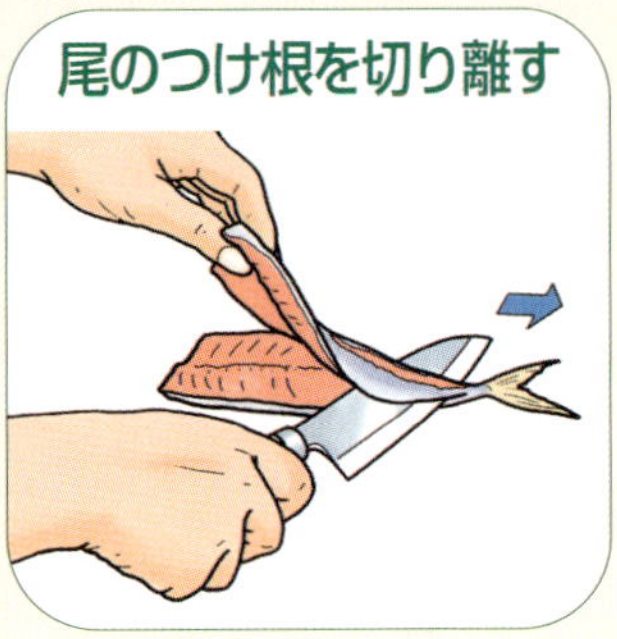

11
骨がついているほうの身を裏返しておき、頭がわから尾のつけ根まで、背骨にあたるまで深く切り込んでいく。

12
向きを変え、尾のつけ根から頭がわへ向かって、背骨にあたるまで出刃包丁を入れる。

二枚おろし

上身と下身に分けられた二枚おろし。下身に中骨がついている。

1 あじは三枚におろして両面に塩をふり、約30分おく。

2 玉ねぎ、にんじん、セロリは5mmほどの幅に切り、ディルも加えて、バットに入れておく。

3 Aを合わせ、マリネ液を作る。

4 **2**のバットにマリネ液を入れ、あじを加えて約1時間漬《つ》け込む。

5 あじを取り出して皮をひき、一口大に、そぐように切る。

6 器にBの野菜とあじを彩りよく盛りつけ、Cを合わせて作ったドレッシングをかけてできあがり。

魚の皮のひき方は

あじやいわしのように皮が薄くて弱い魚は、手で皮がむける。頭がわから皮をひっぱるようにして、片手で身をおさえながら。手でうまくはがせない場合は、皮を下にしておき、包丁を寝かせて尾がわから皮と身の間に入れる。皮をひっぱりながら、包丁を動かす。これを「外引き」という。鯛《たい》やひらめなど皮が厚い魚の場合は、尾を外引きとは逆におき、包丁を寝かせて尾がわから包丁を入れる。皮をひっぱりながら、包丁を手前に動かす。これを「内引き」という。

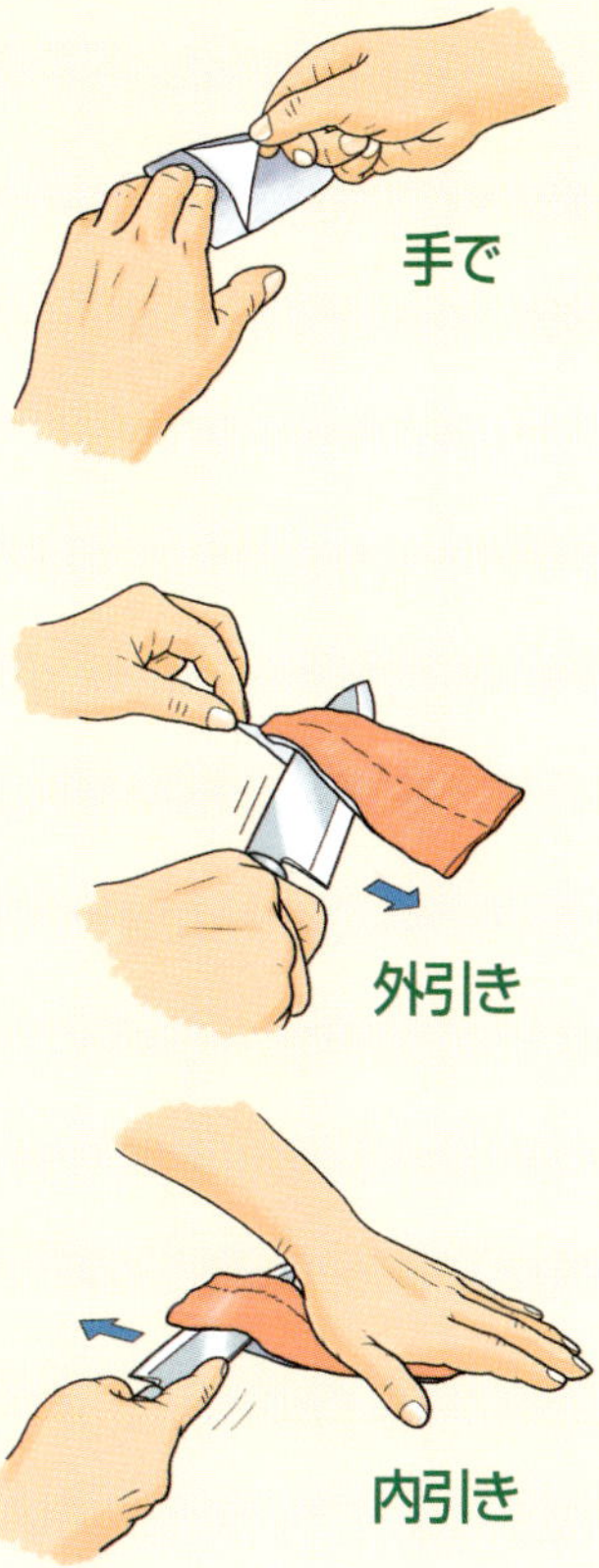
手で
外引き
内引き

13

9、10と同様の手順で、身と骨を切り離す。これで、上身、中骨、下身の3つに分かれる。

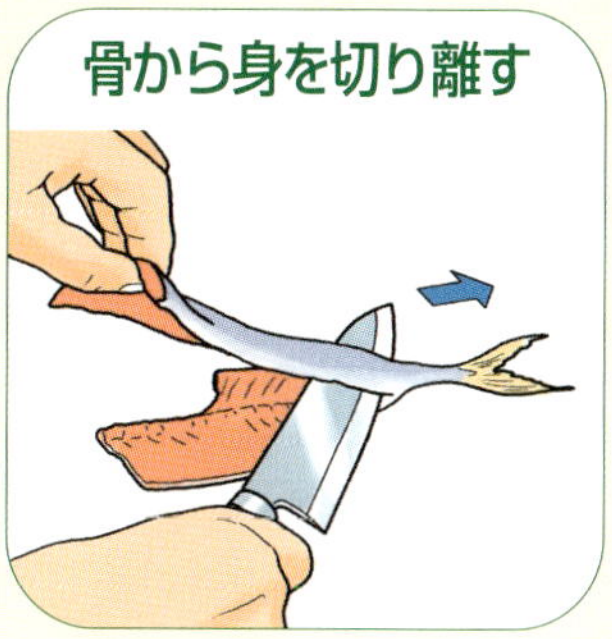
骨から身を切り離す

14

刃先を斜《なな》めに寝かせて入れ、端《はし》まで切り目を入れたら出刃包丁を立て、腹骨を切り離す。指や骨抜きを使って小骨を抜《ぬ》く。

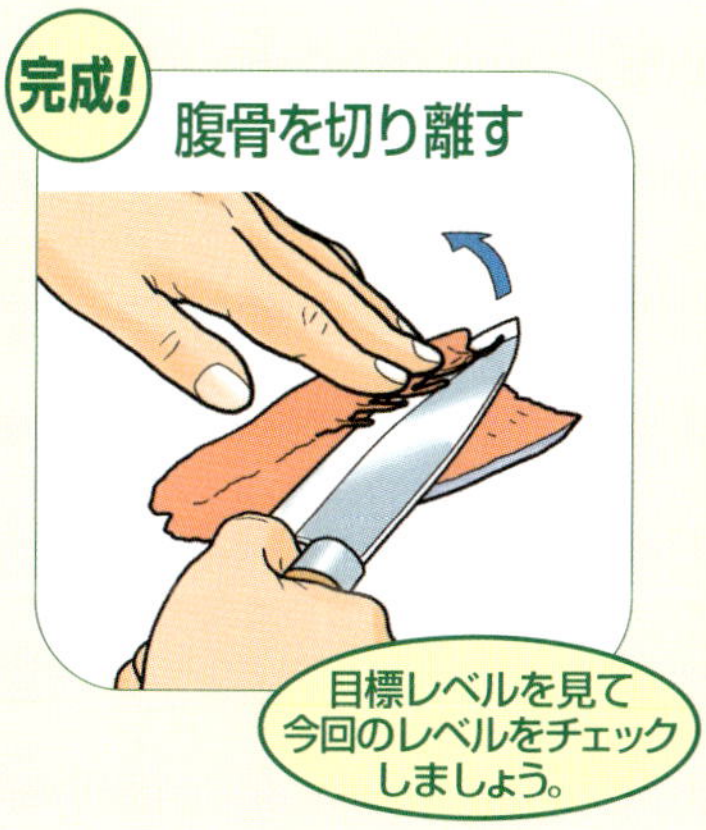
完成!
腹骨を切り離す
目標レベルを見て
今回のレベルをチェック
しましょう。

岸朝子の 三枚おろしを使った**オススメ健康食レシピ**

あじのマリネ

1人分のエネルギー…192キロカロリー
調理時間の目安……25分(あじに塩をしておく時間、マリネ液につける時間を除く)

新鮮《しんせん》なあじをマリネにして、野菜といっしょに彩《いろど》りよく盛りつければイタリアンな前菜に。

●材料(4人分)

あじ(中)　2尾
塩　少々
玉ねぎ　1/2個
にんじん　1/4本
セロリ　1/4本
ディル　適宜《てきぎ》

A(マリネ液)
- 酢　100cc
- 塩　小さじ1
- こしょう　少々
- 砂糖　小さじ1
- サラダ油　大さじ3

B(盛りつけ用野菜)
- ラディッシュ　2個
- サニーレタス　2枚
- パセリ　適宜

C(ドレッシング)
- パプリカ、ピーマン、玉ねぎのみじん切り　各大さじ1
- 酢　大さじ2
- 塩、こしょう　各少々
- サラダ油　大さじ2

●切る

第30日 あじのたたき

難易度★

前頭前野の活性度★★

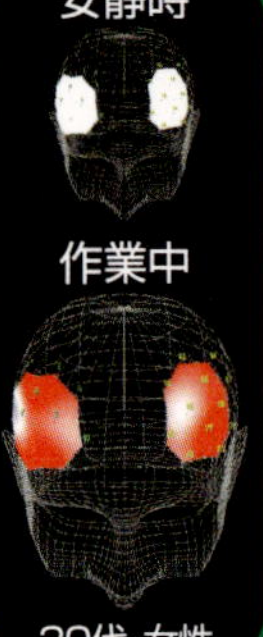

均一の大きさに

できるだけ同じ大きさになるよう包丁を使ってたたくように切る。

今日の料理ドリル

終わったら、巻末の記録用紙に記入しましょう。

●用意するもの

出刃包丁、まな板、あじ

1 あじは三枚におろして、頭のほうから指で皮をめくり、引っぱるようにしてはぎ取る。

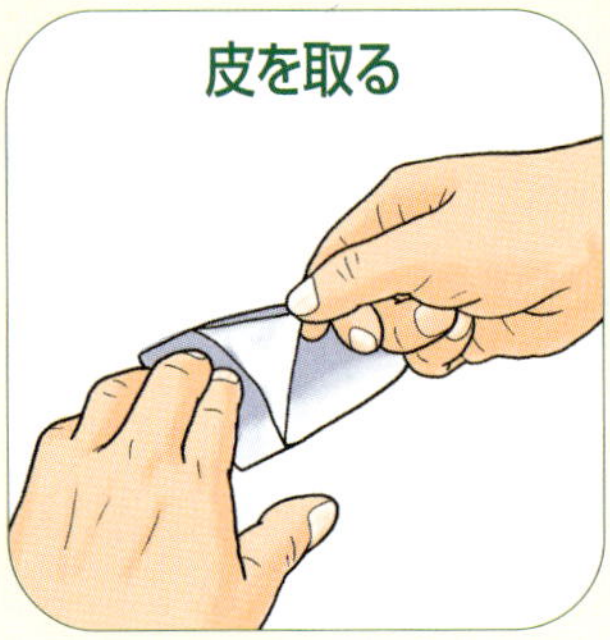

2 端《はし》から1cm幅に切る。

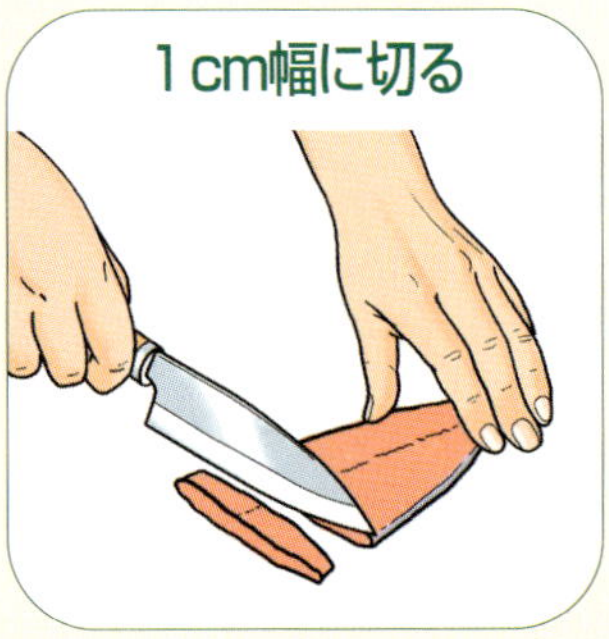

3 ごく細いせん切りにした青じそ、きざみのり、いりごま、練りわさびを用意する。

4 ごはんをよそって**2**をのせ、**3**を盛りつける。食べる直前にしょうゆをかける。

たたきの目標レベル

大きな身と小さな身が混ざった状態では口あたりがよくないので、均一の大きさになるようにたたく。ちなみに、「かつおのたたき」は表面だけを火であぶって造りにすること。

金メダル	細かく均一な大きさにたたけた。
銀メダル	均一な大きさにたたけた。
銅メダル	たたきにはなったが身の大きさがバラバラ。

今日のテクニックポイント

均一の大きさに

3

出刃包丁でたたくようにして細かく切る。途中、包丁の腹を使ってすくうように混ぜながら、好みの大きさになるまでたたく。

コツその1

手首を使って包丁でたたくように。左から右、右から左と移動させながらまんべんなくたたく。

コツその2

まな板に広がったあじの身は包丁でよせ集め、すくうように混ぜながらたたく。

目標レベルを見て今回のレベルをチェックしましょう。

たたきにもいろいろ

「たたき」はあじなどの魚だけでなく、野菜にも使うわざ。ネバネバがおいしいオクラやモロヘイヤは、さっと塩ゆでしたあと細かくたたいて、おひたしやあえ物に。

今回の「あじのたたき」は、身を包丁でたたくように切って細かくすること。一方「かつおのたたき」は、表面だけを火であぶって造りにすること。同じ「たたき」でもまったく違う調理方法なので覚えておきましょう。

岸朝子の たたきを使った**オススメ健康食レシピ**

あじのたたき丼《どん》

1人分のエネルギー…456キロカロリー
調理時間の目安……15分

たっぷりの薬味といっしょに作るあじのたたき。そのままでも、ごはんにのせて丼にしても。

●材料（4人分）

あさつき　4〜5本
しょうが　1かけ
あじ（中）　3尾
ごはん　茶碗《ちゃわん》4杯分
青じそ　4枚
きざみのり　適宜《てきぎ》
いりごま（白）　適宜
練りわさび　適宜
しょうゆ　適宜

1 あさつきは小口切り（→**第1日**）、しょうがはみじん切り（→**第17日**）にする。

2 あじはたたきにし、**1**の薬味を加えてさらにたたく。

シンプルなのに奥が深い…そんな伝統のわざを集めました。

伝統の"わざ"にチャレンジ! 1

土鍋でごはんを炊《た》く

難易度 ★★

前頭前野の活性度 ★★★（米をといでいるとき）

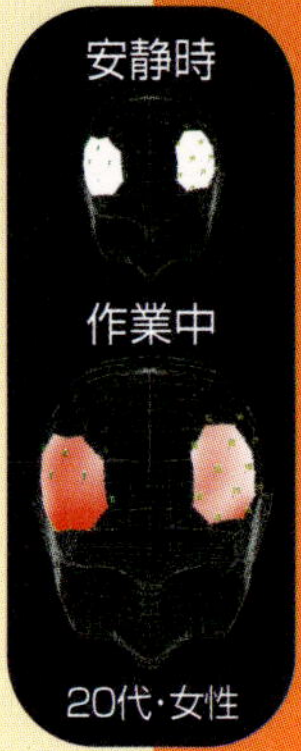

初めは強火で、沸《ふっ》騰《とう》したら弱火で

土《ど》鍋《なべ》はゆっくりと熱がまわり保温性もよいので、火加減さえわかれば、ごはんが上手に炊けます。

●用意するもの

計量カップ、土鍋、しゃもじ、ボウル、米３合、水650cc

1

ボウルに米を入れ、１回目はサッと洗ってすぐに捨てる。

2

手のひらで軽くおすように３～４回といだら、水を入れてかきまわし、水を捨てる。

3

2を３～４回くり返し、水が澄《す》んできたらざるにあげて、30分ほどおく。

4

土鍋に米と水を入れ、フタをして、強火で10～12分炊く。沸騰したら吹きこぼれない程度に火力を落とし、さらに12～13分炊いて火を止める。フタをしたまま、５分程度むらす。

5

上下を返すようにしゃもじで混ぜる。

伝統の"わざ"にチャレンジ! 2

おにぎりを作る

難易度 ★★

前頭前野の活性度 ★★

熱々のごはんをにぎると格別の味わい

コンビニでも人気のアイテムですが、うちで作ったおにぎりはひと味もふた味も違います。

●用意するもの

しゃもじ、ごはん、塩水、鮭・梅干しなど好みの具、巻く食材はのり・黒ごま・とろろ昆布など好みで

1

梅干し、たらこ、しゃけなど、好みの具を用意する。

2

おにぎり1つは、ごはん茶碗《ちゃわん》1杯（約100g）が目安。俵《たわら》形おにぎりはやや少なめのごはんで。

3

手のひらに塩水をつけて、ごはんと具をのせ、ふんわりとひとまとめにする。

4

三角おにぎりは、手のひらをくの字型にしてにぎり、角をつける。手のひらの上で手前に転がしながら三カ所に角をつける。

5

丸形おにぎりは、手のひらを丸くカーブを描くようにしてにぎり、手のひらの上で手前に転がしながら丸形にととのえる。

6

俵形おにぎりは、両手で楕円《だえん》形にごはんをまとめたら、片手を下に、もう一方の手を側面にあてる。側面が平らになるようおさえながら転がして俵形に形をととのえる。

伝統の“わざ”にチャレンジ！ 3

梅にんじん

難易度 ★★★

前頭前野の活性度 ★★★

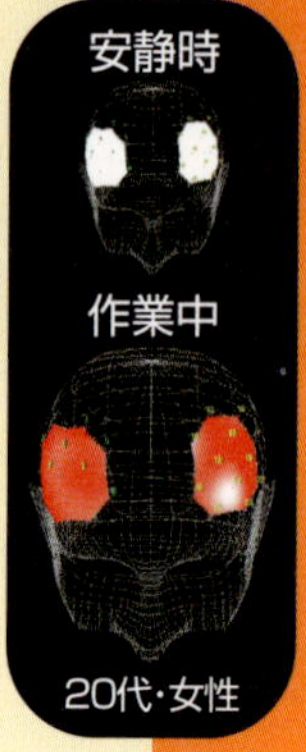

まず、きれいな正五角形を作る

にんじんで梅の花をかたどる飾り切り。おせち料理のお煮《に》しめやお祝いごとによく使われます。

●用意するもの

包丁、まな板、にんじん

1

にんじんは洗い水けをきって、２～３cm長さの輪切りにする。

2

正五角形になるように切る。この五角形をきちんと作っておくと、仕上がりがきれい。

3

５カ所ある側面すべての中央にＶ字型の切り込みを入れる。**3**～**6**はペティナイフを使ってもよい。

4

3で入れた切り込みを中心にして、左右から包丁を弧《こ》を描くように入れ、丸くけずり取り、花型にする。

5

花びらの境目（ナイフの位置）から中心へ向かって、２mm深さの切り込みを入れる。

6

包丁の刃元を使って、段差がつくように花びらを斜《なな》めに切り取り、立体感をつける。

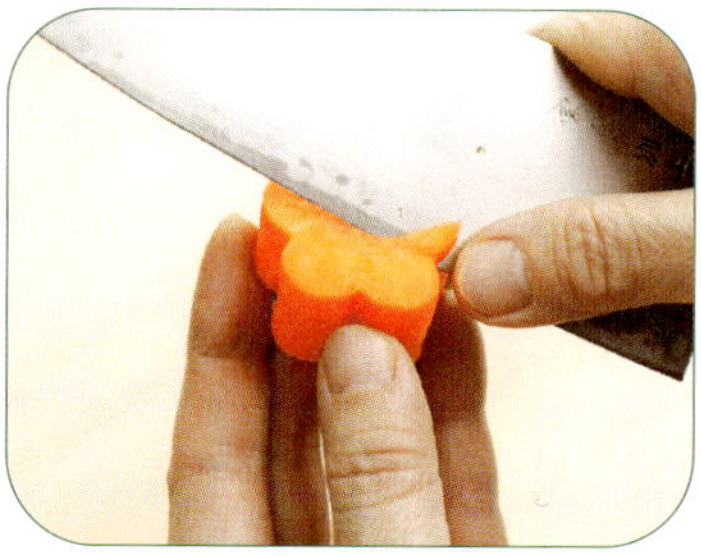

伝統の"わざ"にチャレンジ! 4

かつらむき

難易度 職人級

前頭前野の活性度 ★★

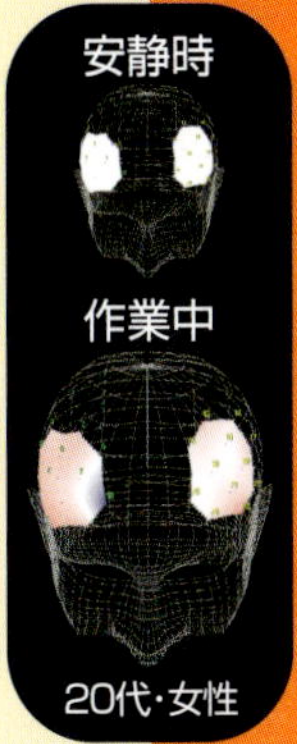

大根を、透《す》き通るようにごく薄くむく

刺身のつまに欠かせない極《ごく》細《ぼそ》の大根のせん切りは、かつらむきから作ります。日本料理のプロのワザ。難しいですが、がんばってトライしてみてください。

●用意するもの

包丁、まな板、大根

1

大根は洗い、5～6cm長さの輪切りにする。

2

やや厚めに皮をむく。きれいな円柱状になるように。

3

大根を持った手を回しながら大根を送り、皮をごく薄く（1～2mm厚さ）むく。包丁を上下に動かしながら、できるだけ皮が途中で切れないように。

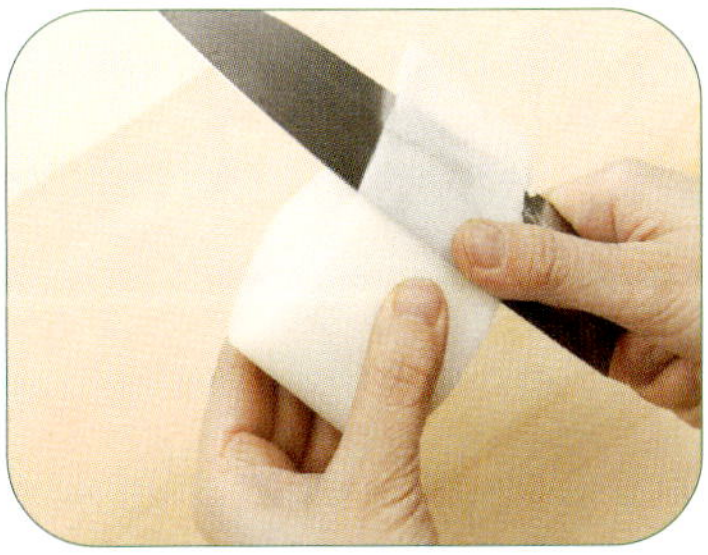

4

3を端からくるくると巻き、端《はし》から1～2mm幅に切ると繊維は断ち切られる。せん切り（→第9日）の要領で。これを「横けん」という。

5

3を重ねて、繊維にそって端から1～2mm幅に切る。せん切りの要領で。これを「縦《たて》けん」という。

6

冷水にさらしてシャキッとさせ、ざるにあげて水けをきる。

伝統の"わざ"にチャレンジ！5

花れんこん

難易度★★★

前頭前野の活性度★★

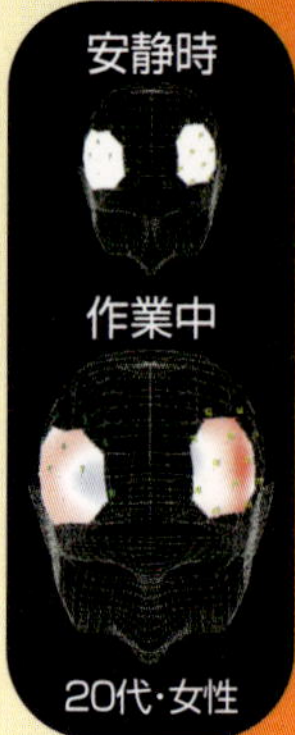

穴の形をよく見て切り込みを入れる

れんこんの穴をいかして花をかたどります。煮《に》物《もの》やちらしずしなどを華《はな》やかに見せる飾り切り。

●用意するもの

包丁、まな板、れんこん

1

れんこんは洗い、5～6cm長さ（扱いやすい大きさ）の輪切りにする。

2

穴と穴との間に斜《なな》めの切り込みを入れる。肩の力をぬいて、ゆっくりとていねいに切ること。

3

逆がわからも斜めに切り込みを入れ、V字型の切り込みを作る。

4

3で入れた切り込みに向かって、左右から包丁を弧《こ》を描くように入れ、丸くけずり取る。

5

端《はし》から切れば、切り口がきれいな花型に。煮物の場合は1cmくらい、酢ばすの場合は3mmくらいの輪切りにするとよい。

6

水にさらし、ざるにあげて水けをきる。

伝統の"わざ"にチャレンジ！ 6

きゅうりの松

難易度 職人級

前頭前野の活性度 ★★★

押すように薄く切り、引くように薄く切りながら形作る

きゅうりの緑色をいかす飾り切り。刺身の盛りつけの彩《いろど》りによく使われます。

●用意するもの

包丁、まな板、きゅうり

1

きゅうりは洗い、両端《りょうたん》を切り取って、7～8cm長さに切る。

2

縦《たて》半分に切る。

3

切り口を下にしてまな板の上におき、両端を少し切り落とす。

4

縦に細かく切り込みを入れる。全体の厚みの1/3程度の深さまで。下を切り離さないように注意。

5

90度回転させてまな板の上におき、包丁を寝かせて押すように表面を薄く切る。

6

次に包丁を引くようにして薄く切り、葉になる部分を左右に振り分ける。**5**～**6**の手順を3～4回くり返してできあがり。

家族でわいわいレシピ 1

休日にみんながそろったら、キッチンに集まろう！

ガトーショコラ

ホームメイドのチョコレートの焼き菓子

表はさくさく、中はしっとり。
カカオが香る、甘さ控《ひか》えめのケーキです。
お手製はプレゼントにしても喜ばれるもの。
ちょっと自慢《じまん》できる一品を作ってみませんか。

●用意するもの

ボウル、泡立て器、ふるい、スパチュラ、ケーキ型、ラップ、電子レンジ、オーブン、茶こし

●材料(直径18cmの型1個分)

チョコレート(カカオ70%以上のもの)　80g
バター　50g
卵　3個
グラニュー糖　120g
ココアパウダー　20g
小麦粉　30g
生クリーム　大さじ3
粉砂糖　少々
バター(型用)　少々

1

卵は卵黄と卵白に分ける。

2

ボウルに卵白を入れ、グラニュー糖の半量(60g)を加えて、角《つの》が立つまでしっかりと泡立てる。これをメレンゲという。

3

別のボウルに卵黄を入れ、残りのグラニュー糖(60g)を入れ、全体が白く、もったりするまで泡立て、生クリームを加えて混ぜる。

4

ココアパウダーと小麦粉は合わせてふるっておき、**3**に加え、ざっくりと混ぜ合わせる。

5

メレンゲの半量を**4**に加えて軽く混ぜる。

1人分のエネルギー…242キロカロリー(1/8切れ)
調理時間の目安……60分

6

チョコレートはきざんでボウルに入れ、バターを加え、ラップをして電子レンジにかけて溶《と》かしておき、**5**に加え、下にバターが沈まないように底からすくうように混ぜる。

7

残りのメレンゲも加え、泡をつぶさないようにそっと混ぜる。まわりにバターをぬった型の中に**6**の生地《きじ》を流し入れる。

8

全部入れたら、生地を平らにならす。180度に温めたオーブンで35〜40分焼く。

9

焼き上がったらすぐに型から取り出し、焼き上がりの表面が上になるように置いて冷ます。粉砂糖を茶こしで振りかければできあがり。食べやすい大きさに切り分ける。

ココアの健康効果

ココアはとても栄養価が高く、たんぱく質、脂質《ししつ》、糖質《とうしつ》、ミネラル類、ビタミンB群、食物繊維《しょくもつせんい》などを多く含むほか、ポリフェノールも豊富で生活習慣病の予防にも効果があると期待されています。かつて中米のアステカ帝国やインカ帝国では、気分を爽快《そうかい》にする飲み物として王侯貴族が飲んだとか。昔から経験的に健康効果が知られていたといえるでしょう。

家族でわいわいレシピ 2

サンドイッチ

あれこれはさんでおしゃれな軽食

ピクニックやブランチ、ティーパーティなど、サンドイッチの出番はたくさんあります。今回作るのは、ハムサンド、カツサンド、ベーコンレタスサンド、ツナサンド、フルーツサンドの五種。

●用意するもの

バターナイフ、ボウル、スプーン、包丁、まな板

●材料(5～6人分)

サンドイッチ用食パン　20枚
バター　10g
マヨネーズ　大さじ2
マスタード　少々
トマトケチャップ　小さじ2
レタス　2枚
ハム　2枚
トンカツ　2枚
キャベツ　1枚
ソース　大さじ2
ベーコン　2枚
薄焼き卵　2枚
トマト　1個
ツナの缶詰《かんづめ》　小1缶
玉ねぎ　1/4個
イチゴ　4～5個
パイナップル　輪切り2枚
キウイ　1/2個
生クリーム　100cc
砂糖　大さじ2

1

1種につき4枚のパンを用意。バターは室温に戻して柔《やわ》らかくし、8枚のパンの片面に薄くぬる。これをA、バターをぬっていないパンをBとする。

2 ハムサンド

A、B各2枚のパンを用意する。Aにマヨネーズ、Bにはマヨネーズとマスタードを薄くぬり、レタス、ハムをのせてはさむ。

3 カツサンド

A、B各2枚のパンを用意する。4枚すべてにマヨネーズを薄くぬり、カラリと揚《あ》げたトンカツ、ソース、キャベツのせん切りをのせてはさむ。

4 ベーコンレタスサンド

トマトは薄い輪切りにする。ベーコンはフライパンでカリッと焼く。A、B各2枚のパンを用意する。

5

4枚すべてのパンにマヨネーズを薄くぬり、薄焼き卵、ベーコン、レタス、トマトをのせる。ベーコンの上にトマトケチャップをぬってはさむ。

1人分のエネルギー…606キロカロリー
調理時間の目安……35分

6 ツナサンド
ツナの缶詰は、玉ねぎのみじん切り（→第17日）を加え、マヨネーズであえる。

7
A、B各2枚のパンを用意する。4枚すべてにマヨネーズを薄くぬり、**6**を均一に広げてはさむ。

8 フルーツサンド
イチゴ、パイナップル、キウイは食べやすい大きさの薄切りにし、砂糖を入れて泡立てた生クリームを加えて混ぜる。

9
Bのパン4枚を用意し、**8**を均一に広げてはさむ。

10
パンのみみを切ってから、それぞれを食べやすい大きさに切り分け、皿に盛りつけてできあがり。

家族でわいわいレシピ 3

根菜のピリ辛《から》煮《に》

根菜たっぷりのヘルシーなごちそう

さまざまな根菜を牛肉と炒《いた》め煮《に》にします。たっぷり作って大きな器にどーんと盛れば、みんなが集まったときのちょっと豪華《ごうか》な一皿に。ごはんのおかずにもピッタリです。

●用意するもの

ボウル、鍋《なべ》、包丁、まな板、木べら

●材料（4人分）

干ししいたけ 5枚
こんにゃく　1/2枚
にんじん　1本
れんこん　1節
ごぼう　1本
たけのこ（水煮）　1個
ピーマン　2個
牛肉（バラ薄切り）　200g
サラダ油　大さじ2
鷹《たか》の爪《つめ》　2本
しいたけの戻し汁《じる》
2カップ
しょうゆ　大さじ3
酒　大さじ2
みりん　大さじ2
砂糖　大さじ2
しょうゆ　大さじ2

1人分のエネルギー…333キロカロリー
調理時間の目安……40分（味を含ませる時間を除く）

1

干ししいたけは水600ccにつけ、戻しておく。戻し汁は、だし汁として使うのでとっておく。

2

こんにゃくは塩でもみ、水から入れて、沸騰《ふっとう》後2～3分ゆで、1cm角で長さ5cmくらいの棒状に切る。

3

にんじんは皮をむき、1cm角で長さ5cmくらいの棒《ぼう》状に切る。

4

牛肉は食べやすい大きさに切る。

5

れんこん、ごぼう、たけのこ、ピーマンは1cm幅で長さ5cmくらいの棒状に。**1**で戻したしいたけは、端《はし》から薄く切る。

6

鍋にサラダ油を熱し、たねを取った鷹の爪を入れて炒め、香りが出たら取り出す。

7

牛肉を加え、肉の色が変わるまで炒める。

8

ピーマンを除くすべての野菜、しいたけ、こんにゃくを加え、全体に油が回るように炒める。

9

しいたけの戻し汁を加え、中火で約20分煮たら、砂糖、酒、しょうゆ、みりんを加える。

10

ピーマンを加えて、しょうゆで味をととのえ、汁けがほぼなくなるまで煮詰める。そのままおいて冷まし、味を含ませる。

料理のポイント1

包丁の扱い方

料理をするうえで知っておきたい、料理の基礎知識を中心にまとめました。

料理のいちばん重要な道具を使いこなそう

●「包丁」というと、昔は料理人や料理することを指しました。料理は包丁を上手に扱うことから始まります。刃物ですからけがしないように注意して、切ったりむいたりきざんだり…、毎日使うことが上達につながります。

包丁の種類と選び方

家庭では、野菜、肉、魚…と、ほぼ万能に使える牛刀《ぎゅうとう》か鎌型《かまがた》包丁（→左ページ上）が１本あれば十分。

２本、３本とそろえる場合は、果物を切るときに便利な小ぶりのペティナイフ、魚をさばくときに使う出刃《でば》包丁を。

ほかにも、野菜を切るときに使う菜切《なき》り包丁、刃渡りの長い刺身《さしみ》包丁など、さまざまな種類の包丁がある。

何本か実際に持ちくらべ、持った感じや重さをみて、しっくりと手になじむものを選ぶ。刃の両面をみて、なめらかで平らなものがよい。材質は、手入れに自信があれば鋼《はがね》の刃、そうでなければさびにくく手入れも簡単なステンレス製のものがおすすめ。

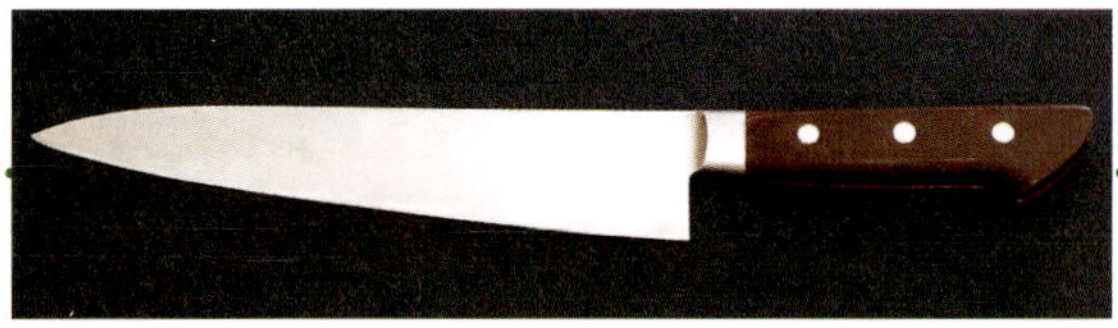

牛刀　洋包丁の代表的なもの。普通は両刃だが、片刃のものもある。本来は肉切り包丁だが、魚をおろす、野菜をきざむなど、ほとんどの調理に使える。

冷凍《れいとう》包丁　のこぎり状の刃を引くように切る。冷凍食品だけでなく、刃が細かいのこぎり状なら骨、深いのこぎり状ならパンやハムを切るときにも。

菜切り包丁　和包丁。片刃で主として野菜調理用。切る、きざむ、むく、割るなど、用途はさまざま。

パン切り包丁　食パンやフランスパンなどを切るときに用いる。洋包丁。刃は、パンの皮が切りやすいように波形になっている。かたく、曲がりにくい。

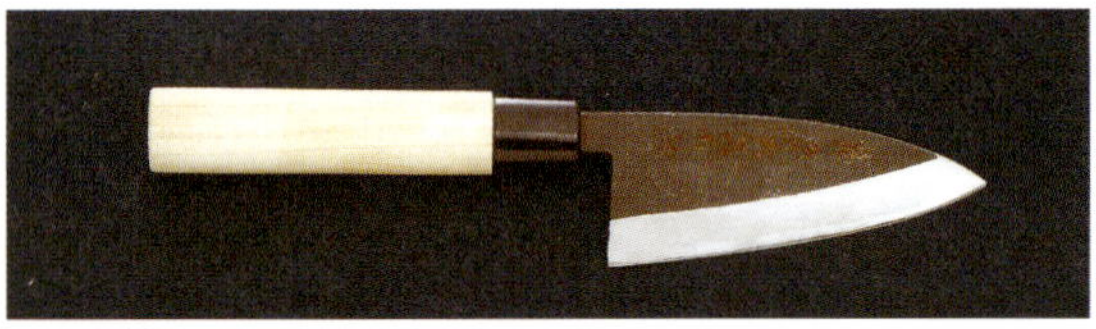

出刃包丁　和包丁。出刃包丁は刃身が重く、厚いのが特徴。重さを利用して魚をおろしたり、魚を骨ごと切るのに用いる。写真は家庭で扱いやすい小出刃。

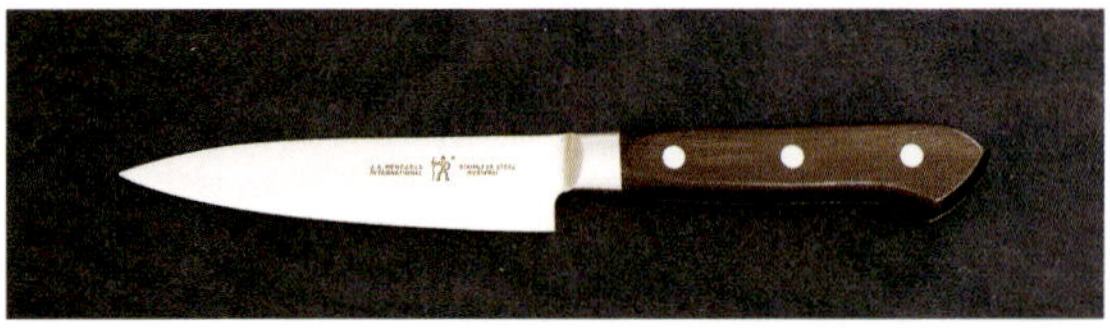

ペティナイフ　小型の洋包丁。片刃または両刃で、皮をむいたり、野菜や果物の細工に用いられる。果物用にはさびにくいステンレス製やセラミック製を。

各部分の名称と役割

写真は野菜、肉、魚など、ほぼ万能に使える日本の包丁。両刃。鎌形包丁、万能包丁、文化包丁、三徳包丁などともいう。

きざむときは刃全体の半分くらいから先のほう、むくときに刃元のほうを使う。

鎌型包丁

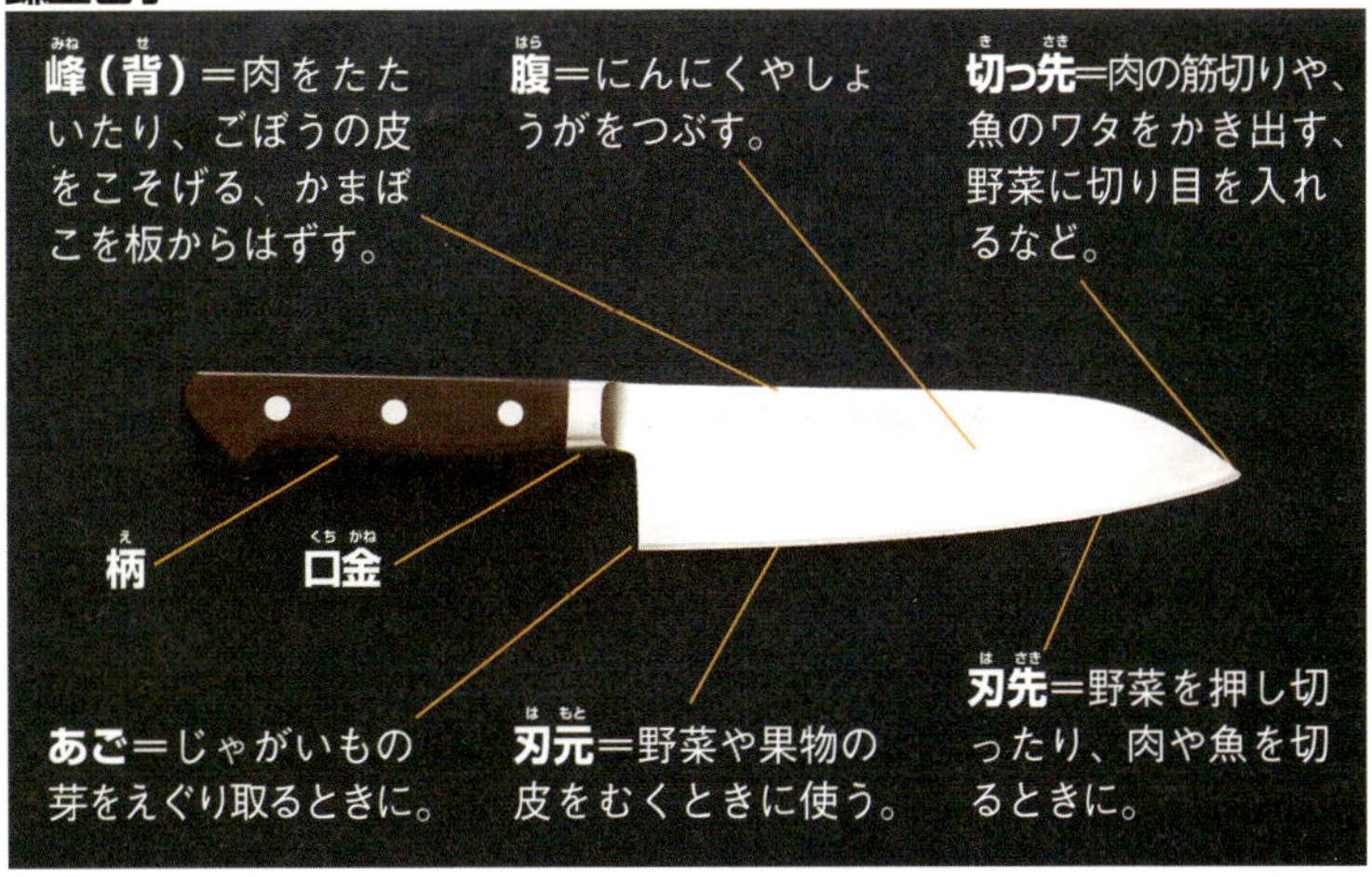

峰《みね》(背《せ》)＝肉をたたいたり、ごぼうの皮をこそげる、かまぼこを板からはずす。
腹《はら》＝にんにくやしょうがをつぶす。
切っ先《きさき》＝肉の筋切りや、魚のワタをかき出す、野菜に切り目を入れるなど。
柄《え》
口金《くちかね》
あご＝じゃがいもの芽をえぐり取るときに。
刃元《はもと》＝野菜や果物の皮をむくときに使う。
刃先《はさき》＝野菜を押し切ったり、肉や魚を切るときに。

基本の姿勢と包丁のにぎり方

基本の姿勢

手にしている包丁がまな板と直角になるようにして、まな板に対して斜めに立つ。

1　まな板に平行に向かい、足を肩幅くらいに開いて立つ。まな板からの距離はこぶし1〜2個分。

2　きき手がわの足を一歩後ろに引いて、包丁がまな板に直角になるように構える。

包丁のにぎり方

肩の力を抜《ぬ》いて軽く包丁を持ち、しっかりとにぎる。にぎりが安定し、包丁がまっすぐになっていることがポイント。

一般的には親指と人さし指、中指で柄《え》のつけ根を持つ。残りの指を添《そ》えるようにして小指までしっかりにぎる。

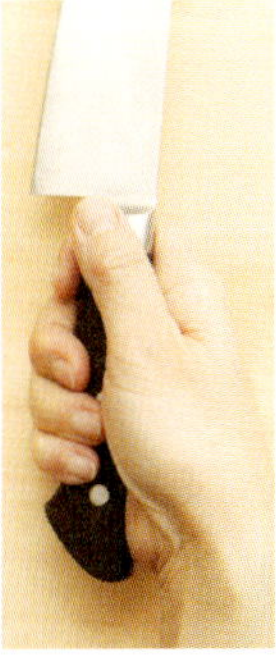

人さし指をのばして、包丁の峰《みね》に添えてもよい。刃先の方向が決まるので、刺身、そぎ切り、やわらかいものやすべりやすいものなどを切るときに。

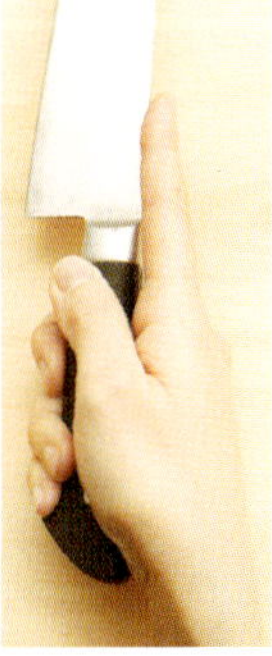

包丁の置き方

○

包丁をまな板の上に置くときは、自分から離れたがわに、はみ出さないように置く。

×

こちらがわに柄がはみ出していると危険！　落下して思わぬ事故につながる。

包丁の保管

包丁は使い終わったら洗い、すぐにかわいたふきんで水けをふき取っておく。湿気がなく風通しのよい場所に、包丁さしなどに立てて保管する。長期間使わない場合は、椿油《つばきあぶら》をぬって新聞紙に包んでしまっておく。切れ味がにぶくなったと感じたらこまめに研《と》ぐこと。研ぐ自信がなければ、専門業者に出すとびっくりするくらいよく切れるようになって帰ってくる。

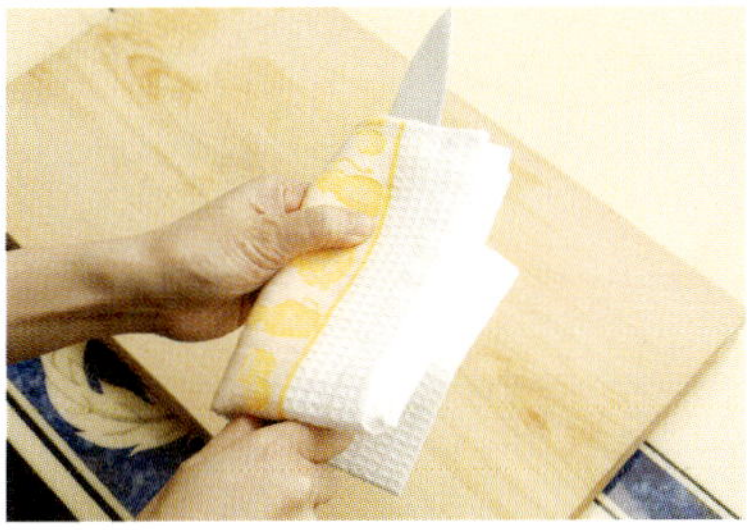

料理のポイント2

野菜の扱い方

野菜の洗い方

●野菜は料理する前にきれいに洗います。持ち味や栄養を失わないように、すばやくそしてていねいに。種類にあった洗い方をしてください。

ほうれんそう、小松菜などの葉野菜は、根元に十字の切り込みを入れ、水をはったボウルで振り洗いし、さらに根もとを広げて流水をあて、土などを洗い流す。

キャベツ、レタスは芯《しん》をくり抜《ぬ》き、葉を1枚ずつはがして流水で洗う。このとき、葉の間に水を勢いよく流し入れるとはがしやすい。

きゅうり、なす、トマトなどは、流水でよく洗い流す。

ごぼうはたわしで泥《どろ》を落とす。皮に風味があるので、皮をけずりすぎないように注意する。

にんじん、だいこんもたわしで洗う。

じゃがいもはたわしで泥を落とす。新じゃがの場合は、洗っただけで皮をむかずに使うことも多い。

きのこ類は、水がつくと変色したり、香りが飛ぶので、調理の直前にさっと手早く洗うか、固くしぼったふきんでふく。

下ゆでの仕方

●野菜には、水からゆでるものと、湯からゆでるものがあります。

にんじん、大根、じゃがいも、サトイモ、ごぼうなど、「地面より下にできる野菜」は水から。

ほうれんそう、小松菜、キャベツ、白菜、アスパラガス、ブロッコリー、オクラ、豆類など、「地面より上にできる野菜」は湯から。

例外は、**かぼちゃ、とうもろこし**など。地面より上にできる野菜だが、水からゆでる。

野菜の保存方法

●野菜は生きています。それぞれにあった方法で保存し、できるだけ早く使い切りましょう。

じゃがいも、玉ねぎは通気性のいいかごに入れ、日のあたらないすずしいところで保存。

大根、かぶは葉を切り落とし、新聞紙にくるんで冷暗所に保存する。

ほうれんそう、小松菜などの葉野菜は、洗って水滴をつけたまま保存袋に入れ、冷蔵庫の野菜室に立てて保存。

きゅうりは水けをよくふき取り、保存袋に入れて冷蔵庫で保存。

かぼちゃはワタを除いてラップで包み、冷蔵庫に。丸ごとのかぼちゃは室温で長期間保存できる。

キャベツは芯をくり抜いた穴にぬらしたキッチンペーパーを詰《つ》めてからポリ袋に入れ、冷蔵庫の野菜室で保存。

料理のポイント3

調理の前に

料理も段取りが大切

●台所は片づいていますか。材料、調理道具はそろっていますか。流しや調理台を整理し、作業スペースを確保してスタートしましょう。また、料理の途中で手があいたら、使った道具はどんどん洗って片づけてください。目標は、料理が終わったときには台所もきれいになっていること。

●料理に使うすべての材料、調味料、調理道具をそろえ、必要な量をはかります。
レシピや料理の手順は、正確におぼえていないことも多いもの。時間と作業を表にして、どの順序で何をするかメモを作り、台所のよく見えるところに置いておきます。

チャーハンの例です。料理に慣れたら、かかる時間もメモするといいでしょう。

〈チャーハンの手順〉

ごはん	1 電子レンジで温める
むきえび	2 蒸し煮→5 冷めたら切る
焼き豚	3 さいの目切り
長ねぎ	4 小口切り
卵	6 割りほぐす→8 具材を入れる
中華鍋	7 火にかける→9 サラダ油
	→平らにして1分焼く→混ぜる→仕上げのしょうゆ

キッチンはいつも清潔に

手をしっかり洗うこと。指と指の間、手首、爪の間もきちんと洗いましょう。

まな板は片面を野菜用、片面を肉や魚用と使い分けます。
木製のまな板は、クレンザーをつけてたわしで木目にそってゴシゴシと洗います。樹脂《じゅし》製のものは、スポンジとクリームクレンザーを使って、円を描くようにやさしく洗います。
角や側面、すみずみまで洗い忘れのないように。
洗い終わったら、除菌《じょきん》のために熱湯《ねっとう》をかけて、かわかします。月に1度くらいは市販の漂白剤につけてすすいだあと、日光にあてて、殺菌を。

ふきんは野菜の水けをしぼったりまな板をふく調理用、食器のからぶき用、台ふき用を使い分けましょう。種類によって色分けすると便利です。殺菌、漂白はこまめに。

料理のポイント4

きちんとはかる

味つけを再現するための基本

●料理するときにはかる道具は、キッチンスケール、計量カップ、計量スプーン、キッチンタイマーなど。レシピを再現するためには欠かせません。

キッチンタイマー　時間をはかるタイマー。効率的に作業するために活用しましょう。

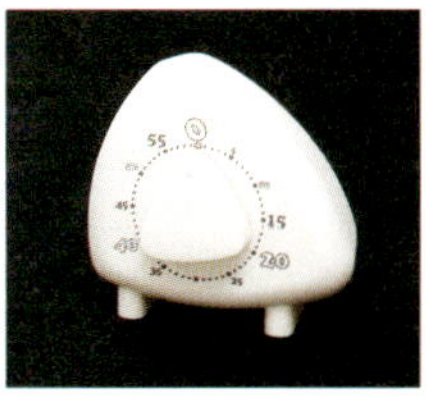

計量スプーンの使い方

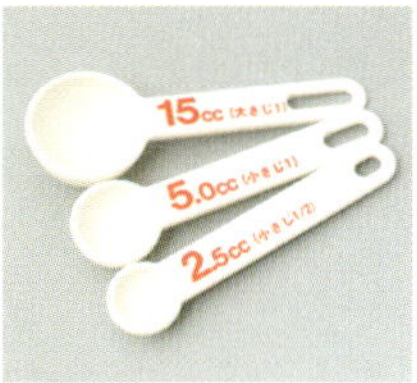

計量スプーン　大さじは15cc、小さじは5cc。スプーンのへりに合わせてすりきりにするのが、正確にはかるポイント。

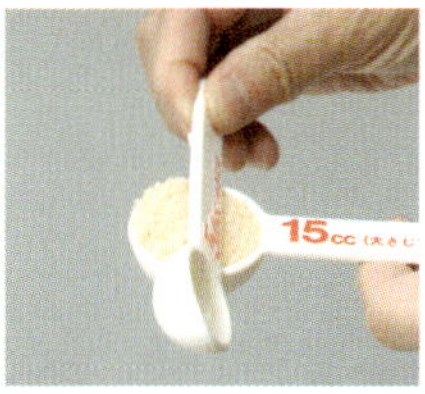

砂糖・すりきり　砂糖や塩などの粉末は、山盛りにすくってから、ナイフやスプーンの柄《え》の部分などですり切る。

しょうゆ　スプーンの内径いっぱいに満たす。表面が少し盛り上がるくらいの状態。はかるときはこぼれてもいいように下に皿などを置いて。

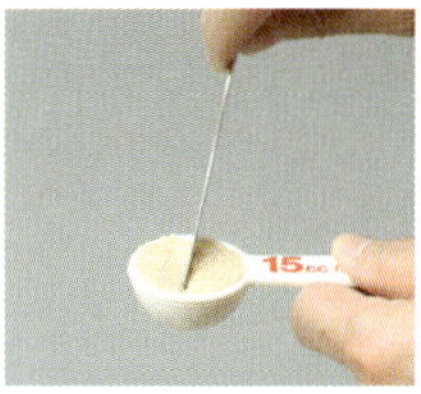

砂糖・半分　大さじ1/2をはかるには、大さじ１をはかってから半量を取り除く。1/3にするには大さじ１をはかり、3等分になるよう線を引いて2つ分を取り除く。

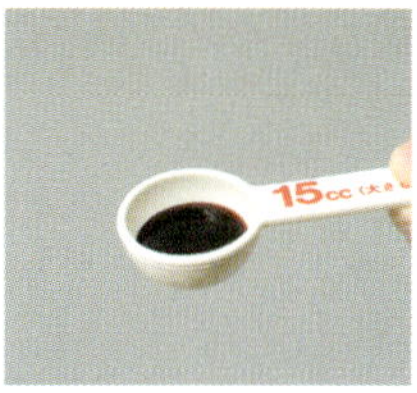

しょうゆ・半分　液体の場合、大さじ1/2はスプーンの6〜7分目まで、静かに注ぎ入れる。

キッチンスケールと計量カップの使い方

キッチンスケール　キッチンスケールを使うときは、あらかじめ、皿やボウルの重さをはかっておくか、のせた状態で目盛りをゼロにあわせる。なお、レシピの材料に示されているグラム数などは、食べられない部分を除いた正味の量。

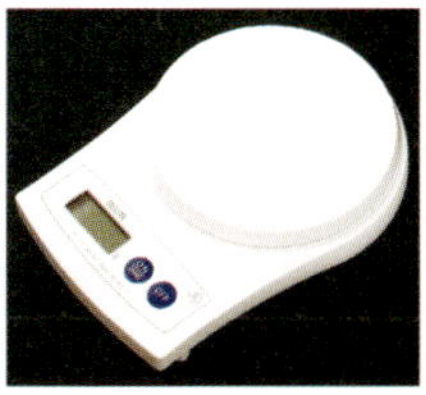

米1合と1カップ　計量カップは平らなところにおき、真横から目盛りを見る。粉をはかるときは、ふんわりと入れ軽くたたいて平らにする。ぎゅっと詰《つ》め込《こ》まないこと。

レシピに「1カップ」とあったら200cc。計量カップは200cc、250cc、500ccなどさまざまなサイズがあるので、200ccの目盛りにあわせてはかる。また、炊飯器などについている米をはかるカップは180cc、1合分。

ひとつまみって？

塩などの分量の表し方のひとつで、レシピによく登場する「少々」、「ひとつまみ」はどれくらいの量なのだろうか。「少々」も「ひとつまみ」も、計量スプーンを使ってはかるほどの量ではないが、加えないと味や料理の仕上がりに影響する。

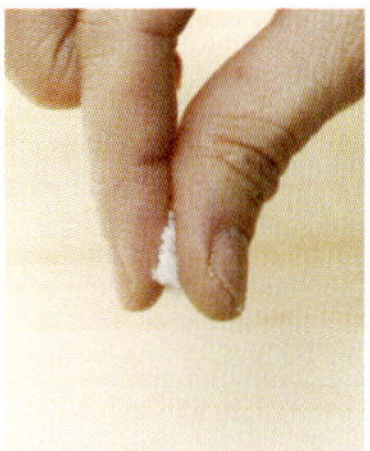

少々　親指と人差し指、２本の指でつまんだ分量。小さじ約1/8ほど。

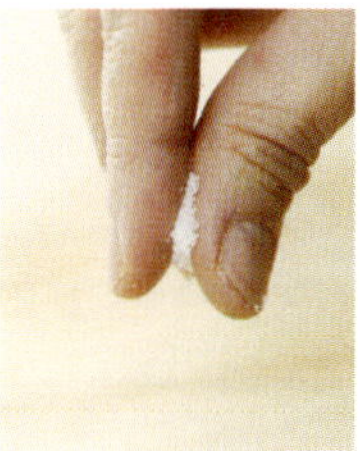

ひとつまみ　親指、人差し指、中指の３本でつまんだ量。小さじ約1/5。

よく使う料理用語

落としぶた
　煮物《にもの》を作るとき、鍋《なべ》よりも一回り小さいふたを材料の上に直接のせること。少ない煮汁《にじる》でも全体に回り、味がしみ込みやすくなる。材料が動くのを防ぎ煮くずれ防止にも。家にない場合はアルミホイルなどで代用できる。

アルミホイルを使うときはまん中に穴をあけておく。

下味《したあじ》をつける
　肉や魚などの材料にあらかじめ調味料で味つけをしておくこと。この一手間で素材に味がしみ込むだけでなく、クセやくさみを消す、かたいものをやわらかくするなどの効果がある。

室温にもどす
　冷蔵庫内に冷えた状態で保存していた材料を、室内に出してしばらくおいておくこと。かたいバターをやわらげて扱いやすくしたいときや、卵を泡立てる前、ステーキ肉を焼く前などに。「常温にもどす」ともいう。

だしのとり方
　顆粒《かりゅう》やパック入りなど手軽にだしが作れるものも市販されているが、最も一般的なかつおと昆布《こんぶ》のだしの取り方は覚えておきたいもの。4カップ分のだし汁を作る場合の分量は、水5カップ、だし昆布10cm長さ、市販のかつおけずり節《ぶし》小4～5パック。まず鍋に水と昆布を入れて火にかけ、煮立つ直前、昆布から細かい泡《あわ》が出てきたら取り出す。弱火にしてかつお節を入れ、1分たったら火を止める。そのまましばらくおいて、かつお節が底に沈んだら、ざるでこしてできあがり。

鍋肌《なべはだ》から回し入れる
「鍋肌」とは鍋の内がわの側面のこと。炒《いた》めものなどの仕上げに、しょうゆやごま油を材料に直接かけるのではなく、鍋肌にそうようにして入れると、香りや香《こう》ばしさが際立つ。

火加減～強火・中火・弱火
「強火」は鍋底全体に炎があたりはみ出さないくらいの火加減。火にかける鍋やフライパンの大きさに合わせて調節する。「中火」は炎の先が鍋底にちょうどあたるぐらい、「弱火」は炎が鍋底に直接あたらず多少すき間が空くくらいと覚える。

水加減～ひたひた・かぶるくらい・たっぷり
「ひたひた」とは、鍋に入れた材料の頭がほんの少し水面から見え隠れするくらい。「かぶるくらい」とは、材料がちょうど水につかるくらいで、ひたひたよりやや多めの水加減。「たっぷり」は、文字通り、材料がすっかり水に沈むくらいの分量。

水にさらす
　たっぷりの水につけること。素材に含まれるアクを除き変色を防ぐ、素材をみずみずしくパリッとさせる、辛《から》みをやわらげるなど、さまざまな目的がある。

前頭葉機能チェック

第1回目　本書を始める前に …92ページ

第2回目　30日分終わったら …93ページ

前頭葉機能チェック（ストループテスト）のやり方

色がついた色の名前（あか、あお、きいろ、くろ）の表があります。中には書かれている文字とその色が一致していないものがあります。このテストでは、文字の色を順に声に出して、答えていきます。文字を読むのではありませんから注意してください。まちがえた時は、同じところを答え直してください。

まずは1行分の練習をしましょう。練習が終わったら、本番です。すべての文字の色を答え終わるまでの秒数を計り、記録します。ストループテストは、左右の前頭前野の総合的な働きを評価します。また、個人により速さが大きく異なるために、目標や基準の数値はありません。トレーニング前と後で比べましょう。

●読み方の例

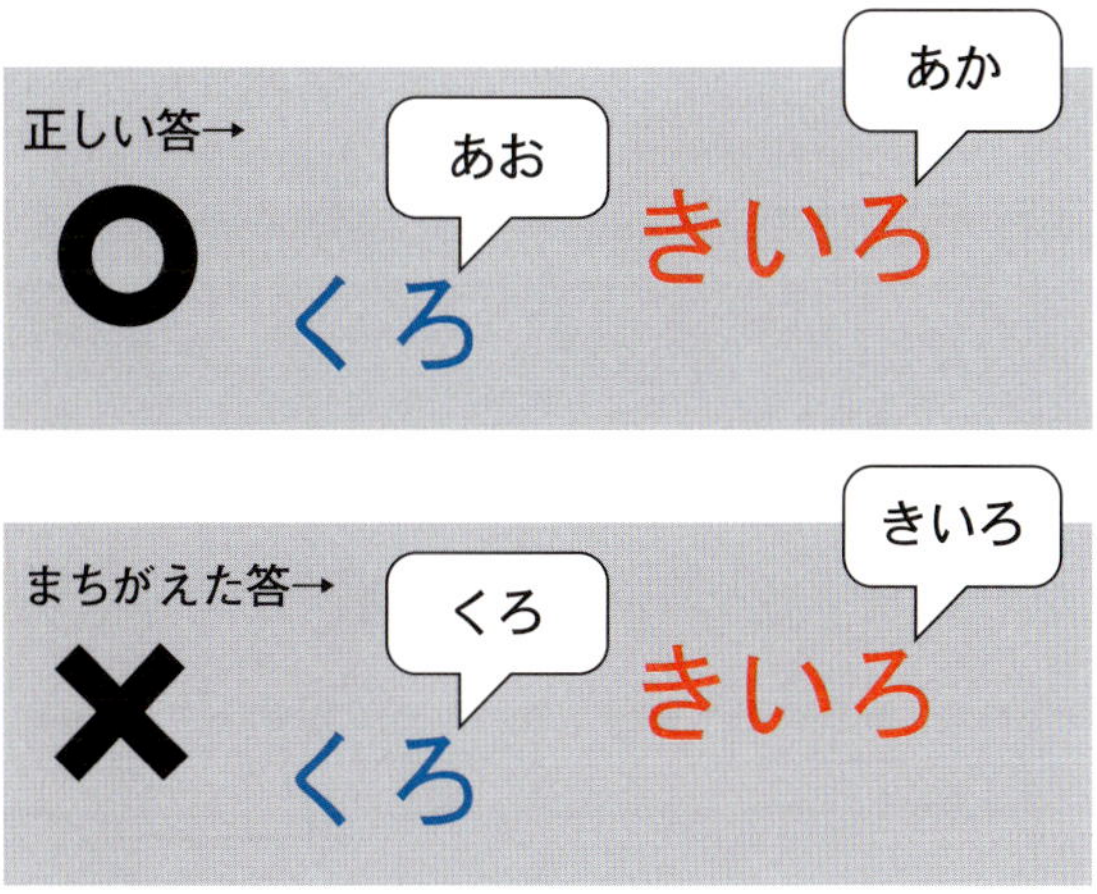

※まちがえたら、同じところを答え直しましょう。

前頭葉機能チェック（ストループテスト）　第１回目（本書を始める前に）

検査は１回ですが、その前に【練習】を行いましょう。

文字の色を声に出して、できる限り早く言っていってください。文字を読むのではありません。まちがえたところは、正しく言い直して下さい。

（例：あかの場合は「あお」、あかの場合は「きいろ」、あかの場合は「あか」と言う。）

【練習】

くろ	あか	きいろ	くろ	あお

「あお、きいろ、あか、くろ、きいろ」と正しく言えましたか。

次に本番です。開始時刻を入れて、練習の時のように文字の色を読んでいきましょう。全部終わったら、終了時刻を入れ、かかった時間（秒）を出しましょう。

開始時刻　□分□秒

くろ	あか	くろ	きいろ	あお
あか	あお	あか	きいろ	くろ
あか	あか	きいろ	くろ	あお
きいろ	あお	くろ	あか	あお
あか	あお	あか	きいろ	くろ
くろ	きいろ	あか	くろ	あお
あお	あお	きいろ	きいろ	くろ
くろ	きいろ	あか	くろ	あお
あか	きいろ	あお	くろ	きいろ
あお	あか	きいろ	あお	くろ

終了時刻　□分□秒　　所要時間　□分□秒

前頭葉機能チェック（ストループテスト）　第２回目（30日分終わったら）

検査は１回ですが、その前に【練習】を行いましょう。

文字の色を声に出して、**できる限り早く**言っていってください。文字を読むのではありません。**まちがえたところは、正しく言い直して下さい。**

（例：あかの場合は「あお」、あかの場合は「きいろ」、あかの場合は「あか」と言う。）

【練習】

くろ	あか	きいろ	くろ	あお

「あお、きいろ、あか、くろ、きいろ」と正しく言えましたか。

次に**本番**です。開始時刻を入れて、練習の時のように文字の色を読んでいきましょう。全部終わったら、終了時刻を入れ、かかった時間（秒）を出しましょう。

開始時刻　□分□秒

あか	あお	あか	きいろ	くろ
くろ	あか	くろ	きいろ	あお
くろ	あお	くろ	きいろ	あか
あお	きいろ	きいろ	あお	くろ
あか	あお	あか	きいろ	くろ
くろ	きいろ	あお	あか	あか
くろ	きいろ	あか	くろ	あお
あお	くろ	きいろ	あか	あお
あか	くろ	きいろ	きいろ	あお
あお	あお	あか	きいろ	くろ

終了時刻　□分□秒　　所要時間　□分□秒

むく	36	★★★	じゃがいもを包丁でむく	
	37	★★★	りんごの皮を包丁でむく	第2日（P.10）
	38	安静時よりも活性化が低下した	りんごの皮をピーラーでむく	
魚《ぎょ》介《かい》類《るい》をさばく	39	★★★	いかの下ごしらえ	第23日（P.52）
	40	★★★	かれいの五枚おろし	
	41	★★★	あじの三枚おろし	第29日（P.66）
	42	★★★	あじの背開き	
	43	★★	えびの下ごしらえ	
	44	★	いわしの手開き	第28日（P.64）
混ぜる	45	★★★	泡立て器で混ぜる――マヨネーズを作る	第18日（P.42）
	46	★★★	加熱しながら混ぜる――ホワイトソースを作る	第16日（P.38）
火を通す	47	★★	青菜の下ゆで	
	48	★★	熱湯にくぐらせる――冷しゃぶを作る	第15日（P.36）
炒《いた》める	49	★★★	ごはんを炒める――チャーハンを作る	第19日（P.44）
	50	★★★	中華鍋で炒める――野菜炒めを作る	第13日（P.32）
	51	★★	玉ねぎを炒める	第8日（P.22）
	52	★★	鶏肉を炒める――鶏そぼろを作る	
揚《あ》げる	53	★★★	鶏肉をから揚げにする	第26日（P.60）
焼く	54	★★★	薄く焼く――クレープを作る	第21日（P.48）
	55	★★★	卵を焼く――だし巻き卵を作る	第27日（P.62）
	56	★★	卵を焼く――オムレツを作る	
	57	★★	肉を焼く――豚肉のしょうが焼きを作る	
おろす	58	★★★	大根をおろす	第3日（P.12）
こねる	59	★	ハンバーグのたねをこねる	
する	60	★★	ごまをする	
包む	61	★★	皮で包む――ギョーザを作る	第25日（P.58）
とぐ	62	★★★	米をとぐ	伝統の“わざ”①（P.72）
にぎる	63	★★	おにぎりを作る	伝統の“わざ”②（P.73）
その他	64	★★	かぼちゃの裏ごし	第14日（P.34）
	65	★★	卵白を泡立てる	

本書（「はじめに」を除く）に掲載している前頭前野の活動分布を示す画像と、この「前頭前野の活性度リスト」は、次の実験の計測結果です。

実験時期　2004年11月18日～19日
被験者　20代～60代の成人女性9名
実験場所　仙台市ガス局ショールーム ガスサロン
実験内容　調理中の脳活動を近赤外線計測装置（光トポグラフィー）で計測

基礎基本から職人レベルまで

料理のテクニック65 前《ぜん》頭《とう》前《ぜん》野《や》の活性度リスト

●このリストの見方

本書でとりあげているものには、掲載ページを示しています。

テクニック名

★★★ じゃがいものいちょう切り 第5日（P.16）

前頭前野の活性度

★★★…「単純計算」よりも活性化している。
★★ …「単純計算」と同じくらい活性化している。
★ …「単純計算」ほどではないが、活性化している。

切る

1	★★★	じゃがいものいちょう切り	第5日（P.16）
2	★★★	玉ねぎの薄切り	
3	★★★	たこの薄造り	
4	★★★	真鯛の薄造り	第22日（P.50）
5	★★★	きゅうりの小口切り	第1日（P.8）
6	★★★	にんじんのさいの目切り	第12日（P.30）
7	★★★	しらがねぎ	第11日（P.28）
8	★★★	キャベツのせん切り	第9日（P.24）
9	★★★	大根のたんざく切り	第6日（P.18）
10	★★★	フルーツカット——パイナップルボートを作る	第20日（P.46）
11	★★★	にんじんの細切り	
12	★★★	にんじんの乱切り	第4日（P.14）
13	★★★	れんこんの輪切り	
14	★★	いかの糸造り	
15	★★	ブロッコリーを小《こ》房《ふさ》に切り分ける	
16	★★	ごぼうのささがき	第10日（P.26）
17	★★	あじのたたき	第30日（P.70）
18	★★	フルーツカット——オレンジのバスケットを作る	
19	★★	玉ねぎのみじん切り	第17日（P.40）

切る（飾り切り）

20	★★★	梅にんじん	伝統の“わざ”③（P.74）
21	★★★	かぼちゃの木の葉	
22	★★★	きゅうりのじゃばら切り	
23	★★★	きゅうりの松	伝統の“わざ”⑥（P.77）
24	★★★	いかの松かさ切り	第24日（P.56）
25	★★★	レースれんこん	
26	★★	かつらむき	伝統の“わざ”④（P.75）
27	★★	りんごの木の葉	
28	★★	さといもの六方むき	
29	★★	なすのかのこ切り	
30	★★	菊花かぶ	
31	★★	なすの茶せん切り	
32	★★	花ラディッシュ	
33	★★	花れんこん	伝統の“わざ”⑤（P.76）
34	★★	水玉きゅうり	
35	★	かぼちゃの面取り	第7日（P.20）

あとがき

川島隆太

何故、私が料理の本を作ったのか？ 実は、ふたつの「きっかけ」があります。ひとつは、これから社会へ飛び出していく私の息子《むすこ》達が、一人暮らしをしても自活できるように、料理の基本技術の本を作り、家を出るときに持たせたかったことです。

もうひとつは、親が朝食を作ってくれないがために、欠食《けっしょく》して保育園や小学校へ通っている子ども達がたくさんいるという現実を突きつけられたことです。これほど、切なく悲しいことはありません。ゆとりが、つめこみがと、口角泡《こうかくあわ》を飛ばして討論しているような状況ではないと感じています。

料理を作ることが脳の健康を維持するためにすごく良いこと、自分自身の美容のためにもなることを科学的に証明し、これを上手に伝え、これから家庭をもつ若者や、小さな子どもを持つ親御《おやご》さん達に料理をつくる習慣をつけてもらいたい。そして、少しでも多くの子ども達が、あたたかい朝食を食べて学校にいけるような普通の社会を取り戻したいと願っています。

この本が日の目をみることができたのは、大阪ガスの山下さんの料理に関する情熱に支えられてきたからです。深謝いたします。しらはぎ料理学校の河合先生、仙台市ガス局のご協力がなくては、実験を行うことができませんでした。食生活ジャーナリストの岸 朝子さんには、料理全般についてご指導いただきました。また、くもん出版の皆さんが、辛抱強く私のわがままに付き合っていただけたお陰で、こうして出版にこぎつけることができました。皆様に感謝いたします。

料理監修　岸 朝子
料理製作・レシピ　葛 恵子
エネルギー計算　市川和子

カバー・本文デザイン　スーパーシステム
カバーイラスト　おのでら えいこ
本文イラスト　岩崎政志／ウエノフミオ／加藤アタタカ／角 愼作／本郷けい子／矢島眞澄
写真　佐藤正毅

編集協力　株式会社ワーズワークス
DTP　谷崎スタジオ／株式会社リブロ

協力　大阪ガス株式会社／仙台市ガス局／しらはぎ料理学校

脳を鍛える大人の料理ドリル
料理の基本テクニック30日

2005年3月31日　第1版1刷発行
2005年5月27日　第1版3刷発行

著者　川島隆太
発行人　土居正二
発行所　株式会社 くもん出版
〒102-8180 東京都千代田区五番町3-1
五番町グランドビル
電話　代表　03(3234)4001
編集部直通　03(3234)4064
営業部直通　03(3234)4004
印刷・製本　凸版印刷株式会社

くもん出版ホームページアドレス　http://www.kumonshuppan.com/

●参考文献

『包丁テクニック図解』大泉書店
『わかりやすい日本料理』柴田書店
『日本料理の基礎技術』柴田書店
『調理ベーシックデータ』女子栄養大学出版部
『基本の台所』グラフ社
『和食の基本』ＳＳコミュニケーションズ
『洋食の基本』ＳＳコミュニケーションズ
『中華の基本』ＳＳコミュニケーションズ
『新・料理の基本』ＳＳコミュニケーションズ
『材料の下ごしらえ百科』主婦の友社
『調理以前の料理の常識』講談社
『料理の基本をちゃんと知りたい』主婦と生活社
『基本のお料理ブック』オレンジページ

ーニンググラフ

それぞれのテクニックで「どのような料理を作るか」は、皆さんの自由です。

今日一日に使ったテクニックをすべて記録していけば、自分だけのトレーニンググラフになります。

この本を使い終えた後も、このグラフに記録をとりつづけてみましょう。

7	48	49	50	51	52	53	54	55	56	57	58	59	60	61	62	63	64	65	66	67	68	69	70
★	★	★	★	★	★	★	★	★	★	★	★	★	★	★	★	★	★	★	★	★	★	★	★
★	★	★	★	★	★	★	★	★	★	★	★	★	★	★	★	★	★	★	★	★	★	★	★
★	★	★	★	★	★	★	★	★	★	★	★	★	★	★	★	★	★	★	★	★	★	★	★
★	★	★	★	★	★	★	★	★	★	★	★	★	★	★	★	★	★	★	★	★	★	★	★
★	★	★	★	★	★	★	★	★	★	★	★	★	★	★	★	★	★	★	★	★	★	★	★
★	★	★	★	★	★	★	★	★	★	★	★	★	★	★	★	★	★	★	★	★	★	★	★
★	★	★	★	★	★	★	★	★	★	★	★	★	★	★	★	★	★	★	★	★	★	★	★
★	★	★	★	★	★	★	★	★	★	★	★	★	★	★	★	★	★	★	★	★	★	★	★
★	★	★	★	★	★	★	★	★	★	★	★	★	★	★	★	★	★	★	★	★	★	★	★
★	★	★	★	★	★	★	★	★	★	★	★	★	★	★	★	★	★	★	★	★	★	★	★
★	★	★	★	★	★	★	★	★	★	★	★	★	★	★	★	★	★	★	★	★	★	★	★
★	★	★	★	★	★	★	★	★	★	★	★	★	★	★	★	★	★	★	★	★	★	★	★
★	★	★	★	★	★	★	★	★	★	★	★	★	★	★	★	★	★	★	★	★	★	★	★
★	★	★	★	★	★	★	★	★	★	★	★	★	★	★	★	★	★	★	★	★	★	★	★
★	★	★	★	★	★	★	★	★	★	★	★	★	★	★	★	★	★	★	★	★	★	★	★
★	★	★	★	★	★	★	★	★	★	★	★	★	★	★	★	★	★	★	★	★	★	★	★
★	★	★	★	★	★	★	★	★	★	★	★	★	★	★	★	★	★	★	★	★	★	★	★
★	★	★	★	★	★	★	★	★	★	★	★	★	★	★	★	★	★	★	★	★	★	★	★
★	★	★	★	★	★	★	★	★	★	★	★	★	★	★	★	★	★	★	★	★	★	★	★
★	★	★	★	★	★	★	★	★	★	★	★	★	★	★	★	★	★	★	★	★	★	★	★
★	★	★	★	★	★	★	★	★	★	★	★	★	★	★	★	★	★	★	★	★	★	★	★
★	★	★	★	★	★	★	★	★	★	★	★	★	★	★	★	★	★	★	★	★	★	★	★
★	★	★	★	★	★	★	★	★	★	★	★	★	★	★	★	★	★	★	★	★	★	★	★
★	★	★	★	★	★	★	★	★	★	★	★	★	★	★	★	★	★	★	★	★	★	★	★
★	★	★	★	★	★	★	★	★	★	★	★	★	★	★	★	★	★	★	★	★	★	★	★
★	★	★	★	★	★	★	★	★	★	★	★	★	★	★	★	★	★	★	★	★	★	★	★
★	★	★	★	★	★	★	★	★	★	★	★	★	★	★	★	★	★	★	★	★	★	★	★
★	★	★	★	★	★	★	★	★	★	★	★	★	★	★	★	★	★	★	★	★	★	★	★
★	★	★	★	★	★	★	★	★	★	★	★	★	★	★	★	★	★	★	★	★	★	★	★
★	★	★	★	★	★	★	★	★	★	★	★	★	★	★	★	★	★	★	★	★	★	★	★

70ポイント達成！ あなたの脳は、順調に活性化しています

71	72	73	74	75	76	77	78	79	80	81	82	83	84	85	86	87	88	89	90	91	92	93	94	95	96	97	98	99	100
★	★	★	★	★	★	★	★	★	★	★	★	★	★	★	★	★	★	★	★	★	★	★	★	★	★	★	★	★	★
★	★	★	★	★	★	★	★	★	★	★	★	★	★	★	★	★	★	★	★	★	★	★	★	★	★	★	★	★	★
★	★	★	★	★	★	★	★	★	★	★	★	★	★	★	★	★	★	★	★	★	★	★	★	★	★	★	★	★	★
★	★	★	★	★	★	★	★	★	★	★	★	★	★	★	★	★	★	★	★	★	★	★	★	★	★	★	★	★	★
★	★	★	★	★	★	★	★	★	★	★	★	★	★	★	★	★	★	★	★	★	★	★	★	★	★	★	★	★	★
★	★	★	★	★	★	★	★	★	★	★	★	★	★	★	★	★	★	★	★	★	★	★	★	★	★	★	★	★	★
★	★	★	★	★	★	★	★	★	★	★	★	★	★	★	★	★	★	★	★	★	★	★	★	★	★	★	★	★	★
★	★	★	★	★	★	★	★	★	★	★	★	★	★	★	★	★	★	★	★	★	★	★	★	★	★	★	★	★	★
★	★	★	★	★	★	★	★	★	★	★	★	★	★	★	★	★	★	★	★	★	★	★	★	★	★	★	★	★	★
★	★	★	★	★	★	★	★	★	★	★	★	★	★	★	★	★	★	★	★	★	★	★	★	★	★	★	★	★	★
★	★	★	★	★	★	★	★	★	★	★	★	★	★	★	★	★	★	★	★	★	★	★	★	★	★	★	★	★	★
★	★	★	★	★	★	★	★	★	★	★	★	★	★	★	★	★	★	★	★	★	★	★	★	★	★	★	★	★	★
★	★	★	★	★	★	★	★	★	★	★	★	★	★	★	★	★	★	★	★	★	★	★	★	★	★	★	★	★	★
★	★	★	★	★	★	★	★	★	★	★	★	★	★	★	★	★	★	★	★	★	★	★	★	★	★	★	★	★	★
★	★	★	★	★	★	★	★	★	★	★	★	★	★	★	★	★	★	★	★	★	★	★	★	★	★	★	★	★	★
★	★	★	★	★	★	★	★	★	★	★	★	★	★	★	★	★	★	★	★	★	★	★	★	★	★	★	★	★	★
★	★	★	★	★	★	★	★	★	★	★	★	★	★	★	★	★	★	★	★	★	★	★	★	★	★	★	★	★	★
★	★	★	★	★	★	★	★	★	★	★	★	★	★	★	★	★	★	★	★	★	★	★	★	★	★	★	★	★	★
★	★	★	★	★	★	★	★	★	★	★	★	★	★	★	★	★	★	★	★	★	★	★	★	★	★	★	★	★	★
★	★	★	★	★	★	★	★	★	★	★	★	★	★	★	★	★	★	★	★	★	★	★	★	★	★	★	★	★	★
★	★	★	★	★	★	★	★	★	★	★	★	★	★	★	★	★	★	★	★	★	★	★	★	★	★	★	★	★	★
★	★	★	★	★	★	★	★	★	★	★	★	★	★	★	★	★	★	★	★	★	★	★	★	★	★	★	★	★	★
★	★	★	★	★	★	★	★	★	★	★	★	★	★	★	★	★	★	★	★	★	★	★	★	★	★	★	★	★	★
★	★	★	★	★	★	★	★	★	★	★	★	★	★	★	★	★	★	★	★	★	★	★	★	★	★	★	★	★	★
★	★	★	★	★	★	★	★	★	★	★	★	★	★	★	★	★	★	★	★	★	★	★	★	★	★	★	★	★	★
★	★	★	★	★	★	★	★	★	★	★	★	★	★	★	★	★	★	★	★	★	★	★	★	★	★	★	★	★	★
★	★	★	★	★	★	★	★	★	★	★	★	★	★	★	★	★	★	★	★	★	★	★	★	★	★	★	★	★	★
★	★	★	★	★	★	★	★	★	★	★	★	★	★	★	★	★	★	★	★	★	★	★	★	★	★	★	★	★	★
★	★	★	★	★	★	★	★	★	★	★	★	★	★	★	★	★	★	★	★	★	★	★	★	★	★	★	★	★	★
★	★	★	★	★	★	★	★	★	★	★	★	★	★	★	★	★	★	★	★	★	★	★	★	★	★	★	★	★	★

100ポイント達成！ テクニックも達人レベル。この調子でこれからもトレーニングをつづけましょう

ポイントを加えて★をぬりつぶしましょう。

8	49	50	51	52	53	54	55	56	57	58	59	60	61	62	63	64	65	66	67	68	69	70
★	★	★	★	★	★	★	★	★	★	★	★	★	★	★	★	★	★	★	★	★	★	★
★	★	★	★	★	★	★	★	★	★	★	★	★	★	★	★	★	★	★	★	★	★	★
★	★	★	★	★	★	★	★	★	★	★	★	★	★	★	★	★	★	★	★	★	★	★
★	★	★	★	★	★	★	★	★	★	★	★	★	★	★	★	★	★	★	★	★	★	★
★	★	★	★	★	★	★	★	★	★	★	★	★	★	★	★	★	★	★	★	★	★	★
★	★	★	★	★	★	★	★	★	★	★	★	★	★	★	★	★	★	★	★	★	★	★

71	72	73	74	75	76	77	78	79	80	81	82	83	84	85	86	87	88	89	90	91	92	93	94	95	96	97	98	99	100
★	★	★	★	★	★	★	★	★	★	★	★	★	★	★	★	★	★	★	★	★	★	★	★	★	★	★	★	★	★
★	★	★	★	★	★	★	★	★	★	★	★	★	★	★	★	★	★	★	★	★	★	★	★	★	★	★	★	★	★
★	★	★	★	★	★	★	★	★	★	★	★	★	★	★	★	★	★	★	★	★	★	★	★	★	★	★	★	★	★
★	★	★	★	★	★	★	★	★	★	★	★	★	★	★	★	★	★	★	★	★	★	★	★	★	★	★	★	★	★
★	★	★	★	★	★	★	★	★	★	★	★	★	★	★	★	★	★	★	★	★	★	★	★	★	★	★	★	★	★
★	★	★	★	★	★	★	★	★	★	★	★	★	★	★	★	★	★	★	★	★	★	★	★	★	★	★	★	★	★